Nous dédions ce livre aux générations de futurs votants et en particulier à Manon, Clara, Félix, Sacha.

96 RUE DE LA MUSE - BP 92061 - 17 010 LA ROCHELLE CEDEX 1
ISBN 978-2-7466-8367-9

Yannik Hennequin
Laurent Rossini

AUX URNES ET CAETERA

Entre le candidat et le citoyen, le jour de gloire est consommé

Plebiscit - 2015

Note des auteurs : ce livre n'a d'autre vocation que celle de susciter la réflexion et d'enrichir le débat sur les maux qui minent notre démocratie représentative. A ce titre, nous avons mis l'accent sur les dysfonctionnements qui, selon nous, sont responsables de cette situation. Mais nous avons aussi, fort heureusement, rencontré des candidats talentueux, respectueux de leurs électeurs, enthousiastes, charismatiques, passionnés par l'action politique dans ce qu'elle a de plus noble et totalement impliqués dans leur mission. C'est aussi en pensant à eux, et parce qu'ils sont l'honneur d'une démocratie que nous souffrons de voir régulièrement malmenée, que nous avons écrit cet ouvrage.

Avant-propos

Pendant six mois, d'octobre 2014 à mars 2015, nous avons accompagné pas moins de 220 candidats aux élections départementales (ex-élections cantonales) à travers toute la France. De cette expérience singulière et riche, nous avons souhaité faire un livre, souvent critique mais toujours tonique, pour témoigner de ce que nous avons vu et constaté au fil de cette campagne, au plus près du terrain.

Au cours de ces six mois, nous avons « mis les mains dans le cambouis » pour aider des candidats à trouver leur place dans ce scrutin rénové et, chaque fois que cela était possible, à décrocher le Graal. Forts de notre position privilégiée, car à leurs côtés au quotidien, nous avons été les témoins attentifs, souvent perplexes, parfois consternés, des travers qui gangrènent nos institutions représentatives et poussent nos concitoyens à rester chez eux les jours d'élection.

Car notre démocratie est malade. A bout de souffle, sans idées, elle tourne à vide. Si ce constat est presqu'unanimement partagé, les

principaux acteurs n'en tirent aucune conséquence – ou presque – et continuent avec une belle constance à scier la branche sur laquelle ils sont assis, reproduisant ad libitum les mêmes erreurs, continuant de servir avec une obstination aveugle les mêmes vieilles recettes à des électeurs qui n'en veulent plus.
Les symptômes de la maladie, nous nous sommes efforcés de les pointer du doigt, de les démonter un à un dans les pages qui suivent, illustrant çà et là notre propos d' « histoires de campagne » qui seraient cocasses si elles n'étaient révélatrices des maux qui grippent la machine démocratique.

L'heure est grave et la situation suffisamment inquiétante pour que des voix s'élèvent désormais pour réclamer, tel un aveu d'impuissance, le vote obligatoire. C'est prendre le problème à l'envers et se dispenser de poser les vraies questions. On n'impose pas la citoyenneté. On peut éduquer, expliquer, donner l'exemple mais contraindre... N'y-a-t-il pas mieux à faire ?

Alors qu'on s'apprête à fêter le centenaire du transfert des cendres de Rouget de l'Isle aux Invalides, ce livre est le cri d'alerte lancé par deux démocrates passionnés, nullement décidés à baisser les bras et qui, dans l'exercice de leur métier de conseillers et de « marketeurs » politiques, ont une ambition : celle de réconcilier électeurs et candidats et de contribuer à recrédibiliser l'action politique pour que l'abstention ne devienne pas la maladie incurable de notre démocratie.

Yannik HENNEQUIN — Laurent ROSSINI

Préambule

La genèse de Plebiscit : Yes we can !

Notre histoire commune commence au lendemain de l'élection présidentielle américaine de novembre 2004… même si nous ne le savions pas encore.

Souvenez-vous. Quatre ans plus tôt, George W. Bush l'avait emporté sur Al Gore dans des conditions pour le moins rocambolesques et à l'issue d'un vaudeville consternant qui vit, 34 jours durant, les deux candidats se lancer dans une bataille juridico-médiatique sans précédent sur fond de suspicion de fraude massive, de machines à voter « défaillantes » et de procédures laborieuses – finalement interrompues par la Cour Suprême – de recomptage manuel.
2004 marquait donc non pas le jour mais le scrutin d'après. Il y avait là de quoi titiller notre curiosité même si, nous en étions persuadés, la victoire ne pouvait pas échapper cette fois-ci au candidat démocrate, John Kerry. Si le verdict des urnes nous déçut, il nous fournit néanmoins du grain à moudre pour l'avenir, plus encore que nous ne pouvions l'imaginer à cet instant.

NOTRE histoire, NOTRE curiosité... La connaissance du chemin parcouru depuis lors nous autorise toutes les licences, même celle d'user d'un « nous » par anticipation car, à la vérité, nos chemins ne se croiseront « dans la vraie vie » qu'en 2006. Mais il est exact de dire que nous suivions, chacun de notre côté, avec le même enthousiasme critique et le même appétit, cette grand-messe démocratique aux règles passablement tortueuses, dans laquelle un candidat peut être élu même s'il a recueilli moins de suffrages que son adversaire et où l'origine ethnique ou la religion sont tout aussi clivants – et parfois même davantage – que le niveau de revenus ou la traditionnelle polarisation urbains/ruraux.
Notre VRAIE rencontre eut donc lieu en 2006, dans les couloirs paisibles d'une abbaye où nous attendions l'un et l'autre d'être auditionnés pour défendre les couleurs de nos agences de communication respectives.

PORTRAITS CROISES

Lorsque vous croisez Yannik Hennequin pour la première fois, vous êtes immédiatement frappé par l'apparente froideur du bonhomme. Son regard perçant et sans concession vous harponne et semble aussitôt s'insinuer en vous pour y débusquer tout ce que vous voudriez garder soigneusement caché. Formé à l'école de KPMG où il a appris son métier de consultant, Yannik Hennequin brille par sa vivacité d'esprit, une capacité de rebond peu commune et une aptitude enviable à se sentir (ou paraître, lui seul le sait !) à l'aise dans la plupart des situations. Qualités qu'il doit sans nul doute à son éducation.

Ce Poitevin de naissance a grandi entre un père conducteur de travaux et une mère qui mettait ses talents d'artiste plasticienne au service de créations textiles après un bref passage dans l'Éducation nationale. Alors que leurs origines très « bonne France » les prédestinaient l'un et l'autre au conformisme politique bourgeois d'une droite modérée, ce sont d'autres chemins qu'ils empruntèrent. Il faut dire que René, le père, avait gardé en travers de la gorge le "je vous ai compris" gaullien du 4 juin 1958, ce qui participa probablement à la radicalisation de certaines de ses convictions. Quant à Françoise, la mère, c'est le rejet en bloc de l'autorité familiale et des principes d'éducation bourgeoise auxquels se heurtèrent ses premières relations amoureuses qui la conduisit à abandonner une carrière d'enseignante à peine amorcée. C'est à Poitiers qu'eut lieu la rencontre improbable entre René, qui apprenait alors aux CRS à dégoupiller des grenades lacrymogènes, et Françoise, étudiante rebelle et gauchisante. De cette intéressante union naquit, deux ans plus tard, Yannik qui, avec sa sœur Magali, eut le stimulant privilège de grandir au sein d'une famille où la politique s'invitait régulièrement à table et où, vingt années durant, la vivacité des débats et l'affirmation vigoureuse de convictions opposées se déroulèrent toujours dans le respect des opinions individuelles.

Lorsque vous croisez Laurent Rossini pour la première fois, son empathie souriante et décontractée vous enveloppe immédiatement, au point de désarçonner l'espace d'un instant les plus réservés de ses interlocuteurs. Tandis qu'il vous apprivoise, son regard acéré est déjà en train de vous passer au crible derrière ses lunettes rondes cerclées, se livrant à un premier audit express de votre personne. Dans le même temps, ses propos en apparence anodins et composés de phrases volontairement inachevées vous poussent à vous découvrir en douceur. Une fois en possession de quelques munitions, il construira habilement son discours et orientera ses questions, si bien qu'au terme de la discussion, il vous aura convaincu ou à tout le moins « mis à jour ». Et si d'aventure vous le prenez « la main dans le sac », il partira dans un grand éclat de rire... ou niera en bloc toute manœuvre intentionnelle, selon son humeur.
Né à Paris d'un père rochelais, cadre bancaire, et d'une mère vendéenne et assistante dentaire, Laurent Rossini a grandi à la Celle Saint Cloud en région parisienne avec sa sœur Sandrine. C'est dans cette paisible commune des Yvelines qu'il accomplit toute sa scolarité avec son voisin et ami Jean-Michel dont les deux frères, plus âgés, sont déjà très actifs en politique. A leur côté, Laurent participera à ses premières campagnes électorales, ne tardant pas à découvrir, entre autres, la rugosité des militants FN les soirs de collage d'affiches !

A la maison aussi, les débats politiques sont stimulants et voient régulièrement s'affronter les convictions rocardiennes du père et le gaullisme mâtiné de giscardisme du grand-père maternel. La presse écrite tenant une place importante dans son environnement quotidien, c'est presque naturellement que Laurent s'orientera vers des études de communication écrite et de journalisme.

*

* *

Dans les couloirs de ce monastère, le contact s'établit naturellement entre nous. Nous échangeons nos numéros de téléphone et décidons de nous revoir quinze jours plus tard. Nous ne sommes toujours pas de la « même maison » – l'un a gagné, l'autre perdu la compétition qui nous avait réunis – mais l'important est ailleurs. Cette première entrevue nous a permis de constater que nous étions compatibles, que les collectivités locales étaient notre terrain de jeu professionnel favori et que nous entretenions une passion commune pour le marketing politique. C'est déjà beaucoup en si peu de temps ! En outre, nos trajectoires sont assez similaires, presque parallèles.
En effet, chacun de notre côté, nous avons goûté au militantisme politique en collant des affiches à partir de 1981. Nous avons vécu sur le terrain les évènements qui ont entouré le projet de loi Devaquet de 1986. Mieux encore, à partir de 1995, nous avons accompagné, toujours séparément, plusieurs candidats à l'occasion de différents scrutins locaux, concentrant notre action sur leurs supports de communication. Nous avons beaucoup appris en observant in vivo la manière dont les candidats se comportaient, pensaient, s'exprimaient, agissaient, partageaient (ou pas), organisaient leur campagne, tentaient de convaincre. La manière aussi dont ils dirigeaient leur collectivité pour ceux que le talent, la chance et la qualité de leurs collaborateurs avaient conduits à la victoire.

Surpris et troublés, comme beaucoup, par l'épisode des présidentielles françaises de 2002 qui virent la victoire écrasante au second tour de Jacques Chirac sur Jean-Marie Le Pen, nous avions été sensibles aux mots employés par le vainqueur au soir de son plébiscite. Souvenez-vous : « J'ai entendu et compris votre appel pour que la République vive, pour que la Nation se rassemble, pour que la politique change. » Pour en avoir souvent reparlé entre nous, nous eûmes alors le sentiment, chacun de notre côté, que la vie politique française était à la croisée des chemins et qu'il était possible d'inventer quelque chose de nouveau. Avec le recul, nous restons persuadés qu'il y avait là une occasion inespérée de « changer de logiciel politique » mais que les mauvaises habitudes, hélas, ont vite repris le dessus.

*

* *

2007, c'est le lancement de la primaire démocrate aux États-Unis. Connectés avec les médias américains, nous entrons très tôt de plain-pied dans le jeu subtil et complexe de la pré-campagne. Nous revient alors en mémoire le discours prononcé le 27 juillet 2004 en ouverture de la convention démocrate à Boston par celui qui s'apprête alors à devenir Sénateur de l'Illinois, Barack Obama. Une allocution de 17 minutes d'une rare intensité qui allait marquer à jamais l'histoire politique américaine et que nous reprendrons dans notre ouvrage Obaméricains, naissance d'un peuple (Peuplades, 2008). Ce discours, novateur et fort (The Audacity of Hope), va nous donner envie de nous intéresser de près à ce candidat, opposé lors de ces primaires à une autre personnalité politique de premier plan, Hillary Clinton.
En France, cette même année, la campagne des présidentielles bat déjà son plein. Nous organisons ici et là des comités de soutien pour nos « candidats respectifs ». Quelques gouttes d'eau dans un océan de campagne...
Quand arrivent les législatives, c'est ensemble cette fois-ci que nous travaillons sur la communication politique de plusieurs candidats. L'exercice n'est pas dénué d'intérêt puisque c'est la première fois que nous mettons en commun, grandeur nature, le fruit de nos expériences de terrain respectives et de nos réflexions personnelles. Nous comparons nos approches et nos méthodes, esquissons des modèles. Des liens se tissent, plus profonds. Des

besoins commencent à se faire jour, prélude d'une association dont nous mesurons déjà tout le potentiel.
3 janvier 2008. Le caucus de l'Iowa donne traditionnellement le coup d'envoi des primaires. Même si l'issue de la primaire démocrate est très incertaine, nous sommes fascinés par l'animal politique Barack Obama : son charisme, l'organisation professionnelle de sa campagne, son tempo impeccable et sans temps mort nous interpellent. Rien à voir avec ce que nous venons de vivre ici. Le décalage est frappant, presque insupportable.
C'est alors que s'impose à nous l'idée un peu folle d'aller suivre la campagne de Barack Obama, là-bas, «en Amérique», en direct, c'est-à-dire sans le filtre des médias mais forts de notre double regard d'étrangers et de communicants. Surgissent aussitôt une foule de questions. Allons-nous être capables d'être suffisamment efficaces et cohérents pour tirer le meilleur parti de cette aventure ? Obtiendrons-nous les autorisations nécessaires ? Comment procéder une fois sur place ? Qui faudra-t-il voir ? Où faudra-t-il être pour ne rien manquer d'important ?
L'idée est ambitieuse, le challenge s'annonce passionnant, mais le plus difficile reste à faire : rendre possible cette ambition. The Audacity of Hope.
Nous allons passer trois mois aux États-Unis à suivre les équipes de terrain d'Obama. Point de départ de notre périple : la Convention démocrate de Denver, fin août 2008, dans le stade des Denver Broncos, l'équipe de football américain locale. Aux États-Unis, les conventions des deux principaux partis sont des moments très particuliers, sans équivalent en Europe. Elles marquent la fin des primaires et l'ouverture officielle de la campagne présidentielle. Mais elles sont surtout l'occasion pour les partis d'afficher leur unité autour de leur candidat après des semaines d'une compétition interne souvent acharnée – et celle qui avait vu s'affronter Hillary Clinton et Barack Obama avait été féroce – et de se livrer à une démonstration de force pour impressionner l'autre camp et constituer la meilleure rampe de lancement possible pour propulser leur champion jusque dans le fauteuil du Bureau ovale.
Dans une enceinte bondée (80.000 personnes !) et dans un décor digne de la Rome antique, le show démocrate bat son plein. Ses têtes d'affiche, Stewie, Mark, Bruce, Ted, Al, et surtout Hillary, adversaire implacable d'Obama lors de ces primaires mais finale-

ment ralliée à sa cause, chauffent la salle en attendant l'arrivée à la tribune du candidat investi.
Dans les travées, nous croisons quelques compatriotes, stars de la politique ou de la communication, venus s'étourdir du spectacle et y puiser, sait-on jamais, quelques idées pour leurs futures campagnes. Ils n'assisteront cependant pas au dernier acte de cette soirée, inimaginable en France – loi sur le financement des partis oblige : la rencontre d'Obama avec ses cent plus gros donateurs ! Moment exceptionnel où, reconnaissons-le, nous sommes présents un peu par hasard mais qui nous donne l'occasion d'un bref échange avec Michelle et Barack en personne. Il y a pire entrée en matière.

Notre expérience américaine commence donc sous les meilleurs auspices. Nous ne sommes pas au bout de nos surprises. En nous mêlant à l'équipe du candidat démocrate, nous allons découvrir la professionnalisation d'une campagne présidentielle, la puissance de la mobilisation citoyenne, la mise en œuvre méthodique des techniques de communication les plus pointues et des outils les plus performants déployés par une machine gigantesque au service d'un seul but, d'une seule cause : l'élection du candidat Obama à la Maison Blanche. Un seul exemple : Barack Obama disposait de 32 bureaux de campagne en Floride et 23 au Nouveau-Mexique, deux États-clés, contre respectivement 3 et 1 pour son rival républicain John Mc Cain !

Tout a été dit et écrit sur cette élection. Mais peu l'ont suivie comme nous l'avons fait, sur le terrain, jour après jour, aux côtés des volontaires démocrates. Nous avons observé la préparation individuelle et collective qui précédait chacune de leurs sorties. Nous les avons vus se former dans les Obama's camp, (ce qui nous donnera l'idée, quelques années plus tard, de lancer PlebiscitCAMP, la première plateforme d'E-learning (voir IIe Partie : Répondre au défi de l'abstention). Rien ne nous a échappé de leur manière de relayer l'information, d'utiliser le web pour organiser, fédérer, démultiplier, collecter, virtualiser, viraliser, de « passer des coups de fil à un ami »...
Après avoir parcouru plusieurs États, c'est à New York que nous avons finalement choisi de vivre le final pendant que notre photo-

graphe était à Chicago, dans le Grant Park, immense jardin public où quelque 240 000 personnes ovationnaient un Barack Obama victorieux en cette nuit du 4 novembre 2008.

De retour en France, nous avons souhaité décrypter ce que nous avions vu en organisant une série de conférences, l'Obamarque, à destination d'un public d'hommes et de femmes politiques, de directeurs de la communication et de dirigeants de grandes sociétés privées.
Pendant plusieurs semaines, dans des lieux différents, plusieurs centaines de personnes sont venues nous écouter et nous interroger. Devant un auditoire passionné, parfois naïf mais toujours avide de comprendre comment Obama et ses troupes avaient suscité l'engouement populaire et réussi à déplacer les foules jusqu'aux urnes, nous avons partagé, détaillé, disséqué les techniques utilisées et les moyens mis en œuvre.
Les pièces de notre puzzle-projet s'assemblaient. Encore quelques années de maturation et de décantation avant le grand saut.

*

* *

Les années qui suivirent l'élection du 44e Président des États-Unis furent riches de scrutins électoraux en France : alors que le mois de mars 2008 avait déjà vu se cumuler municipales et cantonales, l'année 2009 fut celle des européennes, 2010 celle des régionales, 2011 vit à nouveau des élections cantonales (renouvellement par moitié), et 2012 les présidentielles bientôt suivies des législatives.
Autant dire que ces quatre années riches en scrutins nous permirent de tester grandeur nature et « à balles réelles » quelques-uns des dispositifs élaborés à partir de nos expériences respectives du terrain, de notre aventure américaine, ainsi que de différents travaux de chercheurs en sciences politiques et de sociologues tant nord-américains que français.

Ainsi, plusieurs techniques de porte-à-porte furent expérimentées, différents modèles d'organisation de campagne testés, des outils

d'aide à l'analyse comportementale pour les équipes de sympathisants mis à l'épreuve, divers moyens de reporting éprouvés.
Le moment était venu de coucher sur le papier le scénario de la campagne idéale, celle que nous n'avions encore jamais vécue. Nous nous y attelâmes entre janvier et mars 2013. Du travail préparatoire au lendemain de la victoire, nous avons passé au crible tous les détails : les idées, les hommes, l'argent, les outils, le timing, le contexte socio-économico-politique local et national, le passé-présent-avenir, le fond et la forme.
A partir de cette base de données, nous avons élaboré un certain nombre de produits, à la fois concentré et synthèse de nos savoir-faire, que nous avons packagés et tarifés. Finalement, nous avons mis ces informations en ligne sur www.plebiscit.fr à peine un an avant les municipales de mars 2014.

Nous avions à cœur d'afficher notre différence en nous assignant des objectifs clairs :

- Renforcer la transparence de la vie politique en publiant nos tarifs en ligne,
- Participer au renouvellement des générations en politique en incitant les femmes et les hommes de bonne volonté à s'impliquer dans la vie politique locale,
- Rapprocher les élus des citoyens,
- Dynamiser la démocratie en donnant aux citoyens l'envie de retourner aux urnes.

Le succès fut immédiat : appels entrants et formulaires de contact affluèrent par dizaine dans les semaines qui suivirent la mise en ligne du site.

A l'occasion de ces municipales, nous avons accompagné 63 candidats à travers la France. Puis 220 l'année suivante pour les départementales.

Nous venions de poser les fondations de Plebiscit, première agence de communication politique française !

1

L'ABSTENTION AU REVELATEUR DES ELECTIONS DEPARTEMENTALES DES 22 ET 29 MARS 2015

Les troubles de l'élection

S'il y a bien un point sur lequel tous s'accordent, qu'ils soient politiciens, commentateurs ou simples citoyens, c'est pour souligner la désaffection électorale croissante des Français.

La campagne des dernières élections départementales et les deux tours de scrutin qui l'ont conclue n'ont fait que mettre en relief, de manière crue et parfois cruelle, la déliquescence de nos institutions politiques et le dégoût qu'elles inspirent à ceux qui en sont le fondement : les citoyens-électeurs.

Déliquescence et dégoût, les mots sont volontairement forts, violents. On peut y ajouter celui de rejet. Alors, que se passe-t il ? D'où vient ce malaise persistant qui, élection après élection, creuse un fossé toujours plus large et plus profond entre les électeurs et ceux qui sont censés les représenter ? Comment en est-on arrivé là et pourquoi a-t-on aujourd'hui l'impression d'un système à bout de souffle ?

DES ELECTIONS, POUR QUOI FAIRE ?

En réalité, c'est la signification politique de l'élection qui est en jeu. Pour les candidats, les militants, l'appareil politique, les sympathisants les plus acharnés, l'élection s'inscrit dans un processus républicain immuable, une symbolique républicaine abstraite et figée avec ses codes, ses rites et ses figures de style. C'est-à-dire les éléments de ce jeu politicien que rejettent précisément tous ceux, de plus en plus nombreux, qui n'y voient rien d'autre qu'une comédie électorale rancie, jouée depuis des décennies par les mêmes (mauvais) acteurs, et sans intérêt car déconnectée de leur expérience concrète du quotidien.
Comme l'observe fort justement Dominique Rousseau, Professeur de Droit constitutionnel à l'Université Paris1 Panthéon Sorbonne : « L'élection est considérée comme l'instrument permettant au peuple d'exercer le pouvoir. On se rend compte qu'elle est un instrument permettant de confier l'exercice du pouvoir à ceux qui le possèdent déjà ».

D'où cette impression de plus en plus partagée que voter ne sert à rien puisque le bulletin de vote déposé dans l'urne n'aura strictement aucun effet, les jeux étant faits d'avance. Quand on interroge les gens dans la rue, que nous disent-ils ? Que les élections ne sont rien d'autre qu'une mascarade destinée à donner l'impression aux citoyens que le pouvoir est entre leurs mains. Comment en est-on arrivé là ? Les électeurs sont las d'entendre les mêmes discours, d'assister aux mêmes débats stériles, année après année, élection après élection, entre les mêmes acteurs proposant les mêmes solutions. Ils ont perdu leurs illusions sur les vertus du système représentatif parce qu'ils n'accordent plus de crédit à ceux qui sont censés les représenter et auxquels ils prêtent tous les défauts du monde, parfois à tort mais souvent à raison : un art consommé du mensonge et des fausses promesses qui ne survivent pas au scrutin, une incompétence criante, une méconnaissance des réalités économiques, sociales et humaines sur le terrain, un cynisme à toute épreuve, un arrivisme forcené doublé d'un carriérisme acharné, sans même parler des soupçons de malhonnêteté que font peser sur l'ensemble du personnel politique des « affaires » largement médiatisées.

UNE DEMOCRATIE LOCALE EN SOUFFRANCE

Cette désertion électorale interroge d'autant plus qu'elle se manifeste particulièrement à l'occasion des scrutins locaux où il s'agit de désigner des élus de proximité.
Et pourtant les habitants de ces circonscriptions revendiquent leur attachement au tissu local et utilisent largement les infrastructures dont la gestion incombe à la municipalité ou au conseil départemental (ex-conseil général). Ils s'impliquent même, pour une bonne partie d'entre eux, dans la vie locale, notamment à travers le tissu associatif.

Dans ces conditions, **l'abstention paraît moins l'expression d'une indifférence que le symptôme d'un grand malentendu démocratique.**

Les élections départementales de mars dernier auxquelles nous avons participé auprès de nombreux candidats nous semblent à ce titre très intéressantes car elles présentent un échantillon tout à fait représentatif des tares dont souffre notre démocratie élective et cristallisent certaines de ses dérives les plus flagrantes.

Qu'avons-nous pu observer sur le terrain ?

- Une absence quasi-totale d'information des citoyens sur les enjeux du scrutin.
  Certes, ces élections étaient un peu particulières et préparées à la hâte (voir chapitre suivant). On constate néanmoins d'une manière générale et récurrente un manque d'informations pertinentes en direction des électeurs,
- Une politique de recrutement des candidats hâtive et pour le moins approximative,
- Des candidats lâchés dans la nature sans aucune préparation, inconscients des enjeux et vite dépassés,
- Des appareils politiques nationaux ou locaux aux stratégies incompréhensibles, illisibles et parfois contreproductives,
- Des « professionnels de la politique » confits dans leurs certitudes (souvent erronées) et déconnectés de leur électorat.

UNE CRISE PROFONDE ET DURABLE

La liste de ces insuffisances et dysfonctionnements n'est évidemment pas exhaustive mais elle met en lumière quelques-unes des raisons qui sont à l'origine de la crise de la représentation politique qui frappe de plein fouet notre démocratie et contribue à l'affaiblissement de la légitimité du processus électoral. Cette démobilisation électorale est d'autant plus frustrante que les enquêtes d'opinion révèlent un niveau de politisation des Français assez élevé. Ce qui pose problème, c'est donc bien **le rapport de l'électeur à l'élection** et l'usage qu'il fait de sa citoyenneté. Et, élection après élection – à l'exception peut-être de l'élection présidentielle qui obéit à d'autres mécanismes –, ce désamour des Français à l'égard de leurs institutions et de ceux qui les incarnent s'enracine plus profondément dans le terreau des illusions perdues et des petites et grandes trahisons.

Cette situation est pour le moins paradoxale. En effet, alors que toutes les études montrent que la participation augmente avec le niveau d'éducation et le revenu d'un individu, elle ne cesse pourtant de décroître alors que le niveau de vie des Français s'est amélioré depuis les années 80. La logique voudrait pourtant que le nombre d'électeurs actifs soit plus élevé qu'il y a une trentaine d'années. Or, c'est justement l'inverse que l'on constate, les abstentionnistes étant proportionnellement plus nombreux aujourd'hui qu'il y a trente ans. Alors, que se passe-t-il ?

Ce qui mine nos compatriotes, c'est **un sentiment de non-représentation politique.** Bien sûr, une solution de facilité consisterait à fustiger, au nom de la morale républicaine, ceux qui tournent délibérément le dos à cette merveilleuse invention démocratique que constitue, au pays des Lumières, le suffrage universel. D'ailleurs, nos cartes d'électeur ne proclament-elles pas : « Voter est un droit, c'est aussi un devoir civique » ? Qui sont-ils d'ailleurs, ces abstentionnistes ? Des désabusés, des indifférents, des je-m'en-foutistes, des fainéants, des anarchistes... ou des réalistes ? Pour une large part, l'abstention que nous connaissons depuis quelques années est un acte de défiance, voire de défi envers la classe politique. Ces électeurs qui ne vont pas voter manifestent ainsi qu'ils ne sont plus d'accord avec ce qu'on leur propose. L'offre politique qu'on leur présente ne les satisfait pas. Ils se sentent oubliés des politiques, invisibles et inaudibles. Alors ils se comportent comme tels. Les études d'opinion montrent d'ailleurs que l'abstention, tout comme le vote extrémiste encore largement protestataire, quoiqu'on en dise, traduit de plus en plus une manière de penser, **un acte quasi militant de rébellion et de résistance face à des institutions politiques dont l'électeur moyen ne reconnaît plus la légitimité.**

Quand on songe qu'il y a quelques mois à peine, des millions de Français battaient le pavé dans les rues du pays pour proclamer leur attachement aux valeurs de la République, il y a de quoi être amer. Mais, parce que nous refusons de baisser les bras, nous avons choisi de nous interroger sur les moyens de redynamiser un système à bout de souffle.

QUELLES SOLUTIONS ?

Face à ce constat d'échec incontestable que constitue l'abstention, certains n'hésitent pas à dégainer l'arme suprême : le vote obligatoire. Dans un pays où le droit de vote est considéré comme une liberté, il n'est pas sûr que l'édiction d'une mesure aussi radicale soit bienvenue et réveille la conscience politique de nos concitoyens. Il nous paraît plus judicieux et pertinent de s'attaquer aux racines du mal abstentionniste. Comment ? En mettant en avant **une autre manière de faire de la politique** qui passe notamment par **une meilleure communication publique.** Plus que jamais, s'il l'on veut redonner la parole à ceux qui s'enferment dans le mutisme électoral, il importe que les candidats au suffrage prennent en compte la complexité du corps social et ses contradictions pour que la compétition politique retrouve tout son sens et son intérêt, et la démocratie ses couleurs.

La machine à abstention : l'exemple des départementales

Les élections cantonales ont vécu, elles ont cédé la place aux élections départementales. Pour autant, malgré d'importants travaux de ravalement (voir ci-dessous), elles n'ont pas suscité l'intérêt des électeurs et figurent même parmi les scrutins les moins mobilisateurs de ces dernières années.

En l'espèce, ce n'est pas tant l'électeur qui s'est détourné du chemin des bureaux de vote que l'exécutif qui a rendu celui-ci tellement tortueux que l'électeur a perdu le cap. En effet, jamais sous la Ve République un scrutin n'aura été aussi illisible. Il était donc prévisible qu'il serait incompris.

DES ELECTIONS MAL NEES

Impréparation, improvisation permanente, « bricolage », « enfumage », flou artistique, fuite en avant, l'opposition et les commen-

tateurs politiques s'en sont donnés à cœur joie pour tirer à boulets rouges sur ces élections. Il faut reconnaître que les pouvoirs publics leur ont donné du grain à moudre et que lesdites élections cumulaient les handicaps. Ainsi, la modification des règles du jeu (calendrier, circonscriptions, mode de scrutin) et l'absence quasi-totale de pédagogie de la part de ceux qui les avaient mises en place avaient de quoi décontenancer un électorat qui s'en est d'ailleurs très vite désintéressé, faute d'y comprendre quoi que ce soit. Mais le pire était à venir. Car comment attirer aux urnes des électeurs, déjà réticents, en leur proposant – on touche là à l'absurde – d'élire des assemblées départementales que le gouvernement envisageait, il y a peu, de supprimer, dont les compétences étaient passablement floues, et qui pour la plupart d'entre elles avaient un avenir pour le moins incertain ? La réforme territoriale prévoit en effet la suppression de l'échelon départemental là où existe une métropole ou une intercommunalité forte, ne laissant subsister « en l'état » les conseils départementaux nouvellement élus que dans les départements ruraux.
A l'heure où la défiance envers les responsables politiques vire au rejet, ce rendez-vous électoral quasi surréaliste était donc bien mal armé pour ré-enchanter la politique et la démocratie participative. On a connu slogan plus mobilisateur que ce « Votez et on verra après » qu'ont distillé en filigrane nos gouvernants.

UNE REFORME BACLEE ET ILLISIBLE

Si le fonctionnement et l'articulation des institutions françaises ne brillent déjà pas par leur simplicité (le fameux « mille-feuille territorial »), l'exécutif a trouvé le moyen, à la faveur de la réforme des élections départementales de rendre la situation encore plus complexe. En effet, après avoir supprimé le conseiller territorial imaginé par le gouvernement précédent pour remplacer à la fois le conseiller général et le conseiller régional, les pouvoirs publics ont modifié le mode de scrutin des élections cantonales et procédé à des ajustements sémantiques. Le conseil général devient conseil départemental et le suffrage uninominal est remplacé par le suffrage binominal paritaire mixte. Il y avait déjà là de quoi troubler des électeurs en manque de repères stables sur des élections traditionnellement mal-aimées, mais après tout, pourquoi pas ?

Encore aurait-il fallu en rester là et ne pas ajouter de la confusion à la complexité. Mais l'exécutif, faute de maîtriser sa communication sur le sujet, a entretenu jusqu'au jour des élections le plus grand flou autour de l'institution départementale au point de brouiller définitivement les repères et de décourager le plus motivé des électeurs.

Acte I - - Les vœux du Président François Hollande à Tulle en janvier 2014 constituaient une véritable déclaration d'amour aux départements : « Les départements gardent toute leur utilité pour assurer la cohésion sociale et la solidarité territoriale et je ne suis donc pas favorable à leur suppression, car les territoires ruraux perdraient en qualité de vie sans que soient générées des économies supplémentaires ». Le message était clair : « Longue vie au département ! »

Acte II - Pourtant, trois mois plus tard à peine, en avril, le Premier ministre annonçait, dans son discours de politique générale, la suppression des conseils départementaux à l'horizon 2021. Couac politique ? Pas du tout puisqu'il était soutenu dans cette voie par... le Président de la République qui, au mois de juin, déclarait dans une tribune pour la presse quotidienne régionale : « Dans ce nouveau contexte, le conseil général devra à terme disparaître. La création de grandes régions et le renforcement des intercommunalités absorberont une large part de ses attributions ». On peut concevoir la perplexité des conseillers généraux sortants qui, après avoir été confortés dans leur mission, se voyaient tout à coup condamnés. Et celle de l'électeur appelé à se rendre aux urnes pour désigner les membres d'une institution vouée à disparaître à courte échéance !

Acte III - Le feuilleton des départementales a connu un nouveau rebondissement lorsque l'exécutif, confronté notamment à la grogne de ses alliés radicaux, a dû faire machine arrière à l'automne pour préciser que, finalement et tout bien réfléchi, les départements ruraux subsisteraient et conserveraient leur conseil général tandis que tous les autres disparaîtraient. Comprenne qui pourra, mais certainement pas l'électeur moyen qui a déjà décroché depuis belle lurette. Pourquoi faire juste compliqué quand on peut faire carrément abscons ?

Comme si cela ne suffisait pas, les candidats ont été contraints de faire campagne sans connaître précisément l'étendue du champ des compétences de la nouvelle institution et donc les pouvoirs dont ils disposeraient une fois élus puisque la loi portant Nouvelle organisation territoriale de la République (NOTRe), censée les définir, n'a été votée par l'Assemblée nationale que le 10 mars et qu'elle n'avait pas terminé son parcours parlementaire au moment des élections, devant retourner devant les sénateurs. Certes, les principales compétences du département étaient plus ou moins connues mais d'autres, importantes, étaient en suspens. Et par ailleurs, aucune loi relative aux finances locales n'était envisagée.

Et puis il y a eu l'épisode des professions de foi « numériques » qui a semé la panique dans des états-majors de campagne qui n'en avaient vraiment pas besoin. Bel exemple d'une technocratie verticale totalement déconnectée des réalités du terrain.

QUAND LA TENTATION DU TOUT NUMERIQUE DISPARAIT DANS LA FRACTURE NUMERIQUE

Lundi 9 février 2015

Les deux semaines qui se profilent s'annoncent difficiles. Les dates de dépôt des circulaires (professions de foi) et bulletins de vote auprès des prestataires chargés d'en assurer la mise sous pli et l'acheminement jusqu'aux électeurs viennent de nous être communiquées par les préfectures des cinq départements où nous intervenons. Nous sommes surpris et embarrassés par les délais incroyablement brefs imposés par l'État. Alors que nous sommes le 9 février, le matériel de propagande officielle (circulaires, bulletins) l'un de ces départements, doit être livré le 16 (!)

alors qu'un bon nombre de candidats en sont encore à rédiger leur déclaration de candidature. Il n'y a plus une minute à perdre et s'atteler d'urgence à la conception du document que chaque électeur lira (ou pas) dans les jours précédant le scrutin. Dans les quatre autres départements, nous sommes à peine mieux lotis puisque nous disposons de deux semaines supplémentaires. Et pourtant, malgré le stress et la tension, nous pouvons nous estimer heureux. Car fin octobre 2014, le scénario écrit par l'exécutif était bien différent...

Le Projet de loi de finances 2015 contenait en effet une disposition (son article 46) prévoyant que, dès les élections départementales et régionales, les circulaires des candidats et les bulletins de vote ne seraient plus adressés par la Poste aux électeurs. Dématérialisés, ils seraient disponibles uniquement sur Internet. Seules les mairies, préfectures et sous-préfectures recevraient des exemplaires « papier », contraignant ainsi les électeurs ne disposant pas d'Internet à venir les consulter sur place. Le comble étant que cette petite révolution était présentée comme capable d' « assurer un meilleur accès à la propagande électorale en élargissant ses modalités de diffusion » ! Le principal objectif avoué était néanmoins ailleurs : il s'agissait d'économiser les 130 millions que coûte à l'État le remboursement des frais de routage et d'impression. Cette disposition fut particulièrement mal reçue par les élus de tous bords politiques. Pour l'Association des maires de France, elle ne pouvait que « contribuer encore à l'abstention ». A l'Assemblée, les porte-parole des groupes politiques firent valoir qu'en raison de la fracture numérique qui existe encore dans notre pays, la dématérialisation revenait à priver, de facto, une partie de l'électorat de l'accès à la propagande électorale. Et notamment dans les zones rurales où, comme le soulignait un député, « se trouvent pourtant les personnes les plus attachées à accomplir leur devoir civique ». Un autre parlementaire fit observer que « certes, l'envoi des imprimés a un coût, mais c'est le coût de la démocratie et la condition de l'exercice de la liberté d'opinion ». Finalement, cet article fut rejeté et le gouvernement lui substitua une expérimentation de la dématérialisation dans cinq départements (dont la Loire-Atlantique), sur la base du volontariat des candidats et en plus de l'envoi postal.

Entre erreurs de communication, revirements et cafouillages, toutes les conditions étaient donc réunies pour un naufrage démocratique dont il serait malhonnête de faire peser la responsabilité sur des électeurs prétendument indifférents au sort de leurs institutions locales alors que tout aura été mis en œuvre pour les décourager de se rendre aux urnes.

LE BAL DES OCCASIONS MANQUEES

Quoique lourdement handicapées dès la naissance, on l'a vu, ces élections départementales new look ne manquaient pourtant paradoxalement pas d'atouts :

- Leur déconnexion du scrutin régional, contrairement à ce qui avait été initialement prévu, devait contribuer à leur assurer une meilleure visibilité, leur donner un coup de projecteur salutaire, et à affirmer l'ancrage territorial du vote.

  Objectif manqué pour une double raison : une communication largement défaillante de la part des pouvoirs publics et une nationalisation du scrutin par la plupart des partis (le Premier ministre lui-même y a pris sa part) dans un contexte politique, économique et social difficile. Pour la droite et le centre qui criaient au scandale et dénonçaient (entre autres) un redécoupage des cantons aux relents de tripatouillage, l'objectif avoué était de « mettre une raclée » au gouvernement.
  Du côté de la majorité présidentielle fragilisée par l'impopularité du Président et le rejet de la politique menée depuis le début du septennat, il s'agissait de « sauver les meubles » et de laisser le moins de plumes possibles dans l'aventure, en limitant notamment le grignotage de son électorat populaire par le Front National. Et pour celui-ci, l'objectif ultime était de virer en tête au soir du premier tour et d'emporter quelques départements. Du coup, les principaux intéressés par ce scrutin, c'est-à-dire les candidats eux-mêmes, ont été contraints de s'effacer derrière les grands ténors des partis. Dommage !

• La modification du mode de scrutin qui conduisait pour la première fois à renouveler tous les candidats en même temps (et non plus par moitié tous les trois ans) était un élément de simplification de nature à rendre ces élections plus lisibles pour l'électeur moyen.

L'idée était en effet séduisante. L'ancien système présentait l'inconvénient de freiner les alternances et de démobiliser la moitié des électeurs à chaque scrutin. Oui mais voilà, la réalité était loin d'être aussi simple. Ainsi, à y regarder de plus près, plus de 2,3 millions d'électeurs inscrits (tout de même !) n'étaient pas concernés par ces élections : ceux de Paris (où le conseil municipal fait aussi office de conseil départemental), de la nouvelle Métropole de Lyon (qui depuis le 1er janvier 2015 exerce les missions du conseil départemental sur les 59 communes du Grand Lyon), de la Guyane et de la Martinique (appelées à devenir des collectivités uniques région-département à l'occasion des prochaines élections régionales).

• Le redécoupage des cantons visait à corriger les effets d'un déséquilibre démographique devenu exagéré entre cantons ruraux et urbains, le rapport étant de 1 à 10 (et parfois bien davantage !) entre le nombre d'électeurs inscrits d'un canton à l'autre.

Il fallait agir en effet car il y avait manifestement une surreprésentation anormale du monde rural aux dépens des urbains. Près de trois cantons sur cinq n'avaient pas bougé depuis... Napoléon ! Mais le changement a sans doute été trop brutal car si le nombre des cantons a été divisé par deux (2 054 au lieu de 4 035), ce qui a réduit mécaniquement le poids du monde rural, le nombre des conseillers est resté le même du fait de la parité et du système des binômes. Il en est résulté en quelque sorte une double peine pour les territoires ruraux. Il aurait mieux valu, puisqu'un ajustement démographique était exigé par le Conseil constitutionnel, se contenter de redécouper les cantons en maintenant le principe d'un conseiller par canton. Moins brutal, le changement aurait été mieux accepté. Ou opter pour un scrutin de liste à l'échelle départementale. En outre, dans un cadre territorial plus étroit, l'électeur connaissait « ses » candidats. Un exemple tiré de notre expérience personnelle : le plus grand canton de Gironde dont nous accompagnions la campagne d'un binôme, réunissait plus de 80 communes, si bien qu'il fallait deux heures trente de voiture pour le traverser entièrement ! Difficile dans ces conditions pour les candidats d'aller à la rencontre de leurs électeurs de la même manière qu'en plein cœur de Bordeaux par exemple ! Sans compter que le redécoupage des cantons apparaît parfois incohérent et ne tient pas compte des bassins de vie : la réalité politique locale a été sacrifiée au profit de l'équilibre démographique. Enfin, le nouveau découpage conjugué au système des binômes a souvent conduit à la recherche hasardeuse d'un équilibre géographique subtil entre les quatre noms (le binôme titulaire et les deux remplaçants) couchés sur le bulletin de vote de nature à désarçonner l'électeur.

• L'élection systématique de binômes homme-femme constituait une avancée significative sur le chemin de la parité en même temps qu'elle atténuait la personnalisation du scrutin.

Dans une élection qui comptait pas moins de 87% de sortants masculins, on peut parler d'une vraie révolution. Dans les faits, on a pu constater que la relation au sein du binôme était souvent déséquilibrée au profit de l'homme, celui-ci étant généralement plus « capé » que sa consœur et faisant valoir sa plus grande expérience politique pour tenir d'une main ferme les rênes de l'attelage. D'autant plus quand il avait réussi à sauver sa tête après le redécoupage des cantons ! Avec le risque de se retrouver avec un conseiller départemental de plein exercice et une conseillère bis en charge des dossiers de moindre importance.

- Enfin, on notait un net rajeunissement des candidats puisque leur moyenne d'âge était de dix années inférieure à celle des conseillers généraux en place.

Dans la mesure où l'on se plaint régulièrement d'un manque de renouvellement du personnel politique, tant au niveau national que local, on aurait mauvaise grâce à se plaindre de voir apparaître de nouveaux candidats pas encore formatés (quelqu'un a dit pervertis ?) par le système. Oui mais voilà, encore aurait-il fallu que le « casting » soit mené avec davantage de rigueur et d'exigence. Surtout si l'on voulait redonner à ces élections un lustre qu'elles avaient progressivement perdu au fil des décennies. Malheureusement, nous aurons l'occasion de constater dans les chapitres suivants que cela n'a pas toujours été le cas, loin s'en faut !

Pour toutes ces raisons et bien d'autres encore, il a bien fallu se rendre à l'évidence : ce rendez-vous électoral du printemps n'a pas déplacé les foules ni suscité l'intérêt de nos concitoyens puisque la moitié d'entre eux n'ont pas jugé utile d'aller voter. Alors, à qui la faute ? Aux pouvoirs publics ? Aux appareils politiques ? Aux candidats ? Aux médias ? Aux électeurs ?

Partis recherchent candidats : les coulisses d'un casting laborieux

Une fois les règles du jeu connues, les appareils politiques ont dû se mettre en quête de candidats. Cela n'a pas toujours été sans mal.

On peut même dire qu'ils ont parfois souffert pour boucler leur recrutement et présenter des binômes partout où ils le souhaitaient… ou presque. Sans même parler du casse-tête représenté par le choix des remplaçants. Ainsi, dans certains cantons dont nous accompagnions les candidats, les remplaçants n'ont été trouvés que dans les derniers jours précédant la date butoir de dépôt des listes. D'une manière générale, les partis ont mis beaucoup de temps à constituer leurs équipes, ce qui a réduit d'autant le temps consacré à la campagne proprement dite, ce qui est fort dommage, reconnaissons-le.

Mais une fois les binômes constitués, tout n'était pas pour autant réglé. Un exemple vécu directement sur le terrain témoigne

du casse-tête qu'a parfois constitué la désignation des binômes. Ainsi, dans un des départements où nous intervenions, un candidat sortant initialement investi dut être débarqué précipitamment après la sortie d'un article de presse annonçant ses prochains démêlés avec une justice tatillonne qui lui reprochait de confondre intérêts publics et privés. La routine, ou presque, dans notre univers médiatique impitoyable… mais tout de même un gros caillou dans la chaussure de l'élu – l'article était bien documenté – et une situation fort embarrassante pour son parti. Après moult tergiversations et manœuvres dilatoires, puis d' « amicales » mais insistantes pressions de son camp, le candidat jeta l'éponge et, soulagés, tous purent alors louer en chœur son sens du sacrifice et son abnégation. Amen !
Mais mine de rien, tout était à recommencer ! Son successeur désigné, jeune chef d'entreprise dynamique et charismatique, ne tarda heureusement pas à s'affirmer. Lors de séances de travail en commun, nous pûmes apprécier, entre autres, ses qualités d'énergie et de persuasion. Pas de doute, il était taillé pour le poste ! C'est du côté de sa partenaire de binôme que les choses ne se déroulèrent pas comme prévu. Sans doute parce qu'ils avaient été appariés dans l'urgence et sans s'être jamais rencontrés, leur « ticket » avait tout de l'attelage de fortune. Autant lui affichait une belle assurance et semblait parfaitement à l'aise dans son costume de candidat, autant elle apparaissait stressée et envahie par le doute au moment de se lancer dans cette aventure. A tel point qu'elle finit par renoncer et qu'il fallut trouver, bien évidemment dans l'urgence, une nouvelle candidate…

POURQUOI « LA CHASSE AUX CANDIDATS » A-T-ELLE ETE PARFOIS SI LABORIEUSE ?

Il est connu et finalement assez facilement compréhensible que les petits partis ont plus de mal à recruter des candidats que les partis « institutionnels », déjà installés dans le paysage politique depuis de longues années et bénéficiant d'une organisation interne parfaitement rôdée. La faute notamment à des militants souvent peu nombreux et à une implantation locale insuffisante. Mais ce qui est nouveau, c'est que les grands partis aussi ont parfois éprouvé de réelles difficultés à trouver des candidats désireux de les représenter.

On a beaucoup lu dans la presse que le PS, notamment, avait peiné à susciter des vocations. Notamment dans des circonscriptions où le candidat investi disposait d'une chance très faible sinon quasi nulle de l'emporter, même abstraction faite du contexte politique actuel. Ces cantons où le PS perd régulièrement, qu'il soit au pouvoir ou dans l'opposition. Il est vrai qu'il n'est guère motivant de partir au combat pour le compte d'un parti dont la popularité est particulièrement faible dans l'opinion et dont, au surplus, nombre de militants de base ne partagent pas les choix gouvernementaux. Et tout cela simplement au nom d'une candidature dite « de témoignage », c'est-à-dire pour simplement montrer que l'on est présent. On peut comprendre le peu d'empressement des candidats potentiels à se ranger sous les couleurs socialistes dans ces cantons perdus d'avance ou ceux où une déroute était annoncée. Le masochisme a ses limites. Les appareils politiques locaux ont donc dû se démener comme des beaux diables pour aller chercher des candidats, par exemple en envoyant des lettres de relance aux adhérents du parti ou en ouvrant largement leurs listes au-delà des militants, auprès des sympathisants de gauche. Après tout, s'agissant d'élections locales, ne devrait-il pas être question de défendre un projet pour le département et non le bilan économique et social du gouvernement ?

Mais il n'y pas qu'au PS que la chasse au candidat a fait rage. L'UMP[1] et le FN, dont les militants sont très majoritairement masculins, ont également connu quelques soucis pour finaliser leurs listes, notamment en raison de l'obligation de constituer des binômes mixtes. Sans compter que la volonté politique de présenter des candidats dans la plupart des cantons pour occuper le terrain ne facilitait pas les choses et a conduit parfois à des recrutements pour le moins approximatifs sinon hasardeux. C'est tout le problème des candidatures par défaut.

1 - L'UMP a depuis changé de nom pour devenir Les Républicains, parfois abrégé en LR. Le nouveau nom, les statuts et la composition du bureau politique ont été adoptés par le bureau politique de l'UMP le 5 mai 2015 puis approuvés par les adhérents du parti le 28 mai 2015. La dénomination « Les Républicains » a été officiellement utilisée pour la première fois lors d'un congrès initial à Paris le 30 mai 2015.

Par ailleurs, on l'a déjà mentionné mais l'argument est loin d'être négligeable, il était d'autant plus difficile, pour les partis en lice, de susciter des vocations, car nul ne connaissait encore, à ce moment-là, les pouvoirs et les compétences qui seraient dévolus aux futurs conseillers départementaux.

Comme si cela ne suffisait pas, la mauvaise image dont souffrent les partis politiques, non seulement dans l'opinion mais aussi auprès de leurs propres militants de base, ne constituait pas, on s'en doute, un facteur d'attractivité. Il faut dire qu'entre querelles de chefs, « affaires », petits arrangements entre amis et professionnalisation à outrance d'élus plus soucieux de durer dans la carrière politique que de servir leurs électeurs, l'image des politiques a été sérieusement écornée ces derniers temps et incite peu les bonnes volontés à se jeter dans la fosse aux lions. Pour y faire quoi et avec quels moyens ?

Enfin, l'exigence de parité est venue compliquer la donne, notamment dans les cantons ruraux où les responsables politiques locaux ont peiné à trouver des candidates qui acceptent de se lancer dans l'aventure.

Face à toutes ces difficultés, il a fallu parfois se résoudre à aller chercher des candidats loin de leur base et les parachuter dans un nouveau canton, soit pour « faire le nombre », soit pour jouer le rôle de mentor auprès d'un (ou le plus souvent « une ») partenaire de binôme inexpérimenté(e).

DES CANDIDATS PRESENTES PAS TOUJOURS PRESENTABLES

Nul n'est besoin d'être grand clerc pour se douter que, dans leur quête effrénée de candidats présentables (au sens de pouvant être présentés), les appareils politiques ont parfois été amenés à « racler les fonds de tiroir »... au risque de n'être pas toujours très regardants sur le pedigree desdits candidats.
Ainsi, les médias ont-ils pu s'en donner à cœur joie, aussitôt relayés par les partis dits « institutionnels », ravis de l'aubaine, pour fustiger les pratiques d'une formation politique, en l'occurrence

le Front National, qui dans son désir frénétique de figurer dans un maximum de circonscriptions (93%, ce qui en faisait le parti qui présentait le plus de candidats) a enrôlé à tour de bras des candidats dont tous n'étaient pas, loin s'en faut, exempts de tout reproche. Résultat : plusieurs dizaines de « dérapages » racistes, antisémites, homophobes ou islamophobes – la plupart du temps sur les réseaux sociaux – qui ont embarrassé la direction du parti et entraîné (pas toujours) l'exclusion des fautifs. Mais, les mêmes causes produisant les mêmes effets, d'autres partis politiques ont dû désavouer des candidats investis un peu trop hâtivement et dont le CV présentait quelques taches. Là où la situation devenait franchement problématique, c'est lorsque la découverte du « problème » survenait alors que les candidatures avaient déjà été publiées par le Ministère de l'Intérieur...

On a rapporté aussi des cas de candidats... malgré eux, à qui l'on a forcé la main – alors qu'ils étaient parfois au mieux simplement volontaires pour coller des affiches ou distribuer des tracts – ou même inscrits à leur insu en profitant de leur naïveté... ou de leur mauvaise vue !

Là encore, on retrouve en première ligne le Front national qui, pour pouvoir présenter des listes dans presque tous les cantons a dû recruter parfois des candidats très âgés. C'est ainsi que sur 138 candidats inscrits de plus de 80 ans, pas moins de 111 portaient l'étiquette FN ! C'est aussi le cas de la seule candidate nonagénaire de ce scrutin (92 ans). Quant aux douze remplaçants de plus de 90 ans, dix représentaient le Front national (l'une d'entre eux revendiquant gaillardement 99 ans !). A l'inverse, le FN détient et de loin la palme du nombre de très jeunes candidats puisque près des deux tiers de ceux qui affichaient moins de 20 ans étaient enrôlés sous sa bannière.

De là à y voir un effet d'opportunisme pour des jeunes gens sans expérience aspirant à se lancer en politique... Il est vrai que pour un parti qui n'a pas encore l'ancrage local dont peut se prévaloir l'UMP (aujourd'hui Les Républicains) ou le PS, présenter 7 648 candidats relevait de la gageure et que le recrutement a dû fatalement être, disons... large et (très) ouvert. Au point de présenter dans un seul département (la Haute-Loire), six membres d'une même famille : le père, la mère, le fils, la fille, le futur époux de celle-ci et une cousine ! Mais rassurons-nous, au FN comme dans tous les partis, « les candidats sont sélectionnés en fonction de leurs qualités, leurs compétences, leur implantation », rappelait Nicolas Bay, secrétaire général adjoint du FN. Après tout rien de surprenant, puisque les élections municipales de 2014 avaient connu elles aussi leur lot d'excentricités. Soyons rassurés, la démocratie locale est entre de bonnes mains !

Binômes : mariages arrangés ou mariages de raison ?

En dehors des cas d'école évoqués dans le chapitre précédent qui sont du pain bénit pour les médias mais restent finalement relativement marginaux même s'ils ne sont pas anodins et disent quelque chose de l'état de notre démocratie locale, les nouveautés concoctées par le législateur ont été gérées de manière très variable par les appareils politiques locaux.

Rappelons qu'aux termes de la loi, les électeurs de chaque canton du département devaient élire au conseil départemental « **deux membres de sexe différent, qui se présentent en binôme de candidats** dont les noms sont ordonnés dans l'ordre alphabétique sur tout bulletin de vote imprimé à l'occasion de l'élection ». Pour garantir la parité au sein des assemblées départementales, **le candidat et son remplaçant devaient être de même sexe**. Les candidats du binôme avaient l'obligation de déclarer **un même mandataire financier et disposer d'un compte de campagne unique.**

Par conséquent, dans chaque canton, il n'y a donc plus un, mais deux élus, censés être indépendants puisqu'une fois élus ils exercent leur mandat de façon individuelle, et cependant contraints à s'entendre, le temps de la campagne, dans l'intérêt supérieur des électeurs. Mais la nature humaine, surtout lorsqu'il s'agit de pouvoir politique, est ainsi faite qu'il était statistiquement inévitable que surgissent ici et là ce que l'on pourrait appeler des conflits de légitimité. Ceux qui connaissent un tant soit peu le jeu politique et la difficulté qu'éprouvent certains ego à se résoudre à partager l'affiche se doutaient bien que ces mariages arrangés voire forcés connaîtraient quelques ratés. Sur le seul département de Loire-Atlantique où nous accompagnions des candidats, nous avons ainsi pu assister à l'explosion en plein vol de deux binômes qui n'étaient manifestement pas faits l'un pour l'autre et dont la lune de miel n'aura pas fait long feu.

LES JOIES DU MARIAGE ELECTORAL

Un coup d'œil sur la situation antérieure suffit à entrevoir une première source de crispation. En effet, comme indiqué précédemment, 87% des conseillers généraux sortants étaient des hommes, pour un grand nombre d'entre eux des « célibataires endurcis » du suffrage universel. On peut gager qu'ils n'ont pas tous fait preuve d'un enthousiasme débordant lorsqu'il leur a fallu céder leur place (parité oblige) à une candidate. Là où il n'y avait qu'environ 500 élues, elles devaient être désormais un peu plus de 2000. Il a donc bien fallu faire de la place aux postulantes.

De même, nombre d'élus chevronnés n'ont pas été enchantés à l'idée de lier leur destin électoral, pour le meilleur et pour le pire, à une candidate souvent peu expérimentée. Certes, la métaphore nuptiale semble un peu facile mais une fréquentation assidue du terrain et des candidats nous a rapidement convaincus de sa réelle pertinence, tant certaines scènes dont nous avons été les témoins incrédules auraient parfaitement pu trouver leur place au sein d'un « vrai » couple. Et qui dit mariage dit aussi divorce, bien sûr, quand les choses tournent mal et que les deux candidats ne parviennent décidément plus à se supporter.

Mariage de raison, donc, mais souvent sous conditions. La particularité de ce nouveau mode de scrutin réside en ce que deux individus doivent se partager la même circonscription. Dans le même temps, ils sont potentiellement concurrents. Il en résulte inévitablement que chacun va vouloir s'imposer comme le leader du territoire. On a pu observer par exemple que certains sortants masculins avaient mis beaucoup de soin à choisir le profil de leur colistière afin de s'assurer que celle-ci ne leur fasse pas trop d'ombre, évitant soigneusement celles qui pouvaient se targuer de posséder une solide expérience politique (vice-présidente de conseil général, maire ou maire-adjointe, militante chevronnée...). Une femme inexpérimentée ou peu ambitieuse, c'était une concurrente en moins sur un territoire. Si en plus elle se sentait redevable envers celui qui l'avait choisie, c'était encore mieux. Un conseiller général n'a ainsi pas craint de rétorquer à une conseillère sortante et aguerrie qui postulait pour une place dans un binôme : « nous préférons les jeunes vierges... en politique ». Il fallait oser ! D'un côté, la prime au sortant, de l'autre la prime au renouvellement... ou comment gagner sur tous les tableaux ! On ne parle même pas des candidatures féminines « téléguidées » par le baron local qui trouvait là une occasion inespérée de « caser » un membre de sa famille ou une collaboratrice fidèle et dévouée.

Comme la parité a ses limites, le « patron » du tandem, au nom de sa longue expérience politique (il cumulait souvent plusieurs mandats) et de son statut de sortant, paradait ainsi devant les micros et les caméras, et dirigeait la manœuvre pendant que sa colistière, la plupart du temps novice en politique ou dotée d'un maigre bagage (un mandat de conseillère municipale par exemple) était confinée aux tâches subalternes et moins gratifiantes. D'autant plus que le fait d'avoir réussi à conserver sa place malgré le redécoupage des cantons conférait au notable une autorité et une légitimité renforcées. Plutôt que de parité, il serait donc plus judicieux ici de parler de mixité sous domination masculine. Quand il est le plus capé, ce qui est bien souvent le cas, l'homme pèse de tout son poids politique au sein d'un binôme fortement déséquilibré. Habitué à être tout seul, il a du mal à travailler en tandem. Cette situation peut se prolonger au-delà de l'élection, même si les membres du binôme sont censés être indépendants une fois élus, car il n'y a aucune

raison que l'influence du patron politique local cesse de s'exercer comme par magie au soir de l'élection.
La situation était différente lorsque la colistière avait été choisie sur le critère de la rentabilité électorale auprès de certaines communautés, par exemple, et sur la base d'un ancrage associatif, territorial ou ethnoculturel fort. Il était alors nécessaire de la mettre en avant lorsque la situation s'y prêtait pour en tirer tous les bénéfices escomptés au moment du choix de sa candidature.

Plus généralement, face à cette situation nouvelle, bon nombre de binômes ne savaient pas très bien qui devait faire quoi : se partager le territoire (rappelons que ces nouveaux cantons sont parfois très étendus), les thématiques en fonction des compétences de chacun ou bien tout faire en double ? Certains ont choisi d'établir un cahier des charges précisant les attributions de chacun et répartissant les prises de parole en réunion publique, souvent sur la base de leurs ancrages géographiques respectifs à l'intérieur du canton.

Par ailleurs, la formation des binômes et du couple de suppléants reposait forcément sur des équilibres subtils. On est là en plein dans la cuisine politique. En effet, les différentes parties du canton devaient être représentées géographiquement par les quatre candidats (le binôme titulaire et les remplaçants) pour ménager les susceptibilités locales et préserver le maximum de visibilité sur l'ensemble de la circonscription. Comme si cela ne suffisait pas, il fallait aussi prendre en compte les rapports de force entre partis alliés, au risque de mécontenter des sortants sacrifiés sur l'autel de la diplomatie électorale.

Le redécoupage des cantons a également engendré des situations singulières voire cocasses. C'est ainsi que dans certains cantons, notamment ruraux, il n'était pas rare de retrouver des binômes gauche-droite, constitués de deux sortants élus à l'origine chacun dans une partie du territoire et désireux de « sauver leur siège » grâce à cet attelage de circonstance. Pas sûr que les électeurs y aient trouvé leur compte.

Quand amateurisme et impréparation plombent une élection

La réforme du scrutin et la volonté des partis politiques d'occuper le terrain coûte que coûte ont eu pour conséquence de contraindre ces derniers à investir, non sans mal parfois, on l'a dit, des candidats novices en politique ou peu expérimentés (c'est une chose de figurer sur une liste municipale, c'en est une autre de se présenter en son nom propre).

D'une certaine manière, on peut s'en réjouir à l'heure où tous les observateurs et, plus important encore, les électeurs, fustigent les travers des professionnels de la politique installés dans la « carrière » et de plus en plus éloignés des préoccupations de leurs électeurs. Certains commentateurs ont même cédé au lyrisme, allant jusqu'à parler, à propos de ce renouvellement annoncé du personnel politique départemental de printemps de la démocratie ! Mais comme toutes les révolutions, celle-ci a connu des ratés qui, s'ils n'en remettent pas en cause les aspects positifs (féminisation et rajeunissement, notamment), viennent tout de même jeter une ombre sur ce tableau quasi idyllique.

DES CANDIDATS LIVRES A EUX-MEMES

Car toute médaille a son revers. Et nombre de ces nouveaux candidats fraîchement investis se sont ainsi retrouvés lâchés dans la nature avec peu ou pas d'aide financière ou logistique de la part de leur parti, une absence de formation spécifique et nul accompagnement digne de ce nom. Un seul parti a compris tout cela, c'est le Front National, avec à la clé des résultats significatifs malgré quelques erreurs de parcours.

On a mentionné précédemment que les difficultés éprouvées parfois par les partis pour trouver des candidats les avaient conduits à être un peu moins regardants sur le profil et les capacités de ceux qui acceptaient le job. Encore aurait-il fallu que, conscients des lacunes de certains de ces volontaires, ils les accompagnent et leur offrent une formation de base sur ce qui les attendait plutôt que de les jeter dans le grand bain sans bouée en pariant sur leur capacité à se débrouiller tout seuls pour garder la tête hors de l'eau. Il en allait à la fois de la crédibilité des candidats et du respect élémentaire des électeurs. Cela aurait évité quelques scènes pénibles où de malheureux candidats interrogés sur leur programme étaient bien incapables de formuler des propositions cohérentes avec le statut de conseiller départemental qu'ils aspiraient à devenir. Comment expliquer aux électeurs qu'ils allaient dorénavant avoir deux conseillers départementaux dans le même canton au nom de la parité quand on n'y comprenait pas grand-chose soi-même ? L'amateurisme atteint vite ses limites dans un tel contexte.

QUAND L'AMATEURISME FRISE LA DESINVOLTURE ET L'INDECENCE

Amateurisme, le mot est lâché. On peut faire de la politique par passion (amateur vient d'ailleurs du latin *amator*, celui qui aime), parce que l'on croit en quelque chose, que l'on aime le débat d'idées, que l'on trouve stimulant et constructif de confronter des projets, sans pour autant aspirer à devenir un professionnel de la politique accroché à un plan de carrière. Cela ne doit néanmoins pas dispenser le candidat de faire preuve, dans sa démarche et son action politique, de sérieux, de rigueur, d'engagement, d'investissement personnel, c'est-à-dire tout simplement de respect envers ceux dont il sollicite les suffrages. Sans quoi l'amateur passionné et engagé verse dans l'amateurisme. Et c'est bien là que le bât blesse. Le Larousse définit ainsi l'amateurisme : « Caractère de quelqu'un qui pratique une activité en amateur, sans jamais parvenir à la maîtrise du professionnel ». Et il s'empresse d'ajouter que dans son acception péjorative, l'amateurisme est le « défaut de quelqu'un qui manque d'application et de sérieux dans ce qu'il fait. Synonyme : *dilettantisme*. Nous y sommes.

Car l'amateurisme n'a rien à voir avec le manque d'expérience. Tous les candidats ont mené un jour leur première campagne. Les plus heureux ont vu la chance leur sourire d'emblée, d'autres ont mis du temps avant de conquérir leur premier mandat et certains courent encore après un succès qui s'obstine à les fuir. Mais, pour la plupart d'entre eux, ils savaient pourquoi ils étaient là et compensaient leur manque d'expérience par une capacité d'écoute décuplée, un vrai travail de terrain et une aptitude à être force de proposition qui suscitaient l'adhésion. L'amateurisme quant à lui résulte de l'impréparation, du manque d'implication et de convictions solides, de la négligence, de l'absence de stratégie qui conduisent à l'improvisation... et dans la quasi-totalité des cas à l'échec, car il y a tout de même une justice. L'électeur, indépendamment de ses convictions ou de ses hésitations, se pose la question suivante : celui pour qui je vais voter est-il digne de représenter mon canton et de prendre des décisions en mon nom ? Or, comment un électeur pourrait-il accorder le moindre crédit à un candidat qui ne fait pas l'effort d'incarner sa fonction ?

Souvenez-vous. Les médias ont fait des gorges chaudes de ces deux binômes de l'Union de la droite en Haute-Vienne qui, alors qu'ils étaient pourtant qualifiés pour le second tour, avaient omis de déposer leur candidature dans les délais requis. L'amateurisme est ici flagrant, bien entendu, et même grossier. Car quand bien même un des candidats aurait eu un empêchement, son binôme ou encore l'un des deux remplaçants aurait pu s'acquitter de cette obligation légale. Un mandataire tiers aurait pu également remplir cette mission. D'ailleurs, les appareils politiques aguerris aux campagnes électorales délèguent souvent cette tâche administrative à un mandataire qui enregistre plusieurs candidatures en même temps. On perçoit donc bien ici qu'au-delà de l'amateurisme avéré des candidats, cette bourde majuscule pose la question de leur accompagnement par ceux qui les ont désignés et placés en première ligne. En l'espèce, plus encore qu'une faute politique, c'est un coup porté à la démocratie. Le maire UMP de Limoges, Émile-Roger Lombertie, l'a d'ailleurs parfaitement compris, lui qui a présenté ses excuses sur Facebook en ces termes : « *Je présente mes excuses à tous les électeurs et les habitants de ces cantons ainsi qu'aux candidats PS : vous vous trouvez privés d'une confrontation légitime* ».

Si cet exemple caricatural a frappé à juste titre les esprits, nous avons pu constater sur le terrain la totale impréparation et la désinvolture inouïe de nombre de candidats qui n'avaient aucune idée, non seulement de ce pour quoi ils étaient censés se battre, mais également de la manière dont se déroule une campagne électorale et qui, une fois lâchés dans la nature, enchaînaient impairs et « boulettes » en tous genres avec une constance digne d'admiration.

Même sans parler d'amateurisme, un certain nombre de candidats mal préparés aux exigences d'une campagne électorale ne tenaient pas la distance. Euphoriques durant les premières semaines, tout feu tout flamme et prêts à tout emporter sur leur passage, ils s'étiolaient peu à peu pour s'effondrer dans la dernière ligne droite, au moment où il aurait justement fallu tout donner, faute d'un accompagnement de qualité de la part de leur formation politique. Mener une campagne, cela s'apprend !

Une communication défaillante et mal ciblée

Ces élections départementales ont été marquées par un échec retentissant de la communication à tous les niveaux et de la part de tous les acteurs de la vie politique française. Dieu sait pourtant qu'il y avait du grain à moudre et de belles campagnes d'information à mener !

Tout d'abord, le gouvernement, par la voie de son Premier ministre, a choisi de dramatiser l'enjeu, et donc de le nationaliser, avec l'espoir que les électeurs socialistes déçus de l'action de ceux qu'ils avaient porté au pouvoir en 2012 aillent tout de même voter et évitent ainsi à la majorité présidentielle la déroute annoncée par les instituts de sondage. Comment ? En brandissant l'épouvantail Front national et en invoquant l'esprit du 11 janvier, dernier totem républicain.

Cette stratégie de communication n'était probablement pas la plus adéquate pour revigorer des élections locales dites intermédiaires qui n'ont jamais passionné les électeurs. En effet, outre que les électeurs attendaient du chef du gouvernement des solutions et des perspectives d'avenir plutôt que des états d'âme, on peut se demander pourquoi les pouvoirs publics n'ont pas choisi de placer au centre de leurs discours la réforme territoriale pour faire œuvre de pédagogie auprès des Français qui, pour un grand nombre d'entre eux, n'y comprenaient rien. Ainsi, un sondage effectué moins d'un mois avant le scrutin[2], montrait qu'un tiers de la population ne savait pas en quoi consistaient ces élections ni à quoi elles servaient. Et les quelques spots à la télé et à la radio de la campagne institutionnelle n'étaient guère suffisants pour inverser la tendance, pas plus que le tweet publié sur le compte du ministère de l'intérieur qui, reprenant les codes visuels d'un télé-crochet bien connu, proclamait : « La plus belle voix, c'est forcément la vôtre ». Sympathique, certes, mais un peu léger...

Pourtant, entre le redécoupage des cantons, la volonté finalement affichée (mais sous conditions) de supprimer les conseils généraux, le changement de mode de scrutin, la loi NOTRe[3] sur les compétences des départements votée, ajournée, retoquée à tel point que l'on ne savait plus vraiment où l'on en était, il y avait de quoi faire et les besoins d'une communication publique claire et efficace étaient criants ! A croire que l'on souhaitait que l'électeur s'y perde...

Mais l'opposition n'a guère agi différemment, l'UMP et le FN préférant se concentrer pour l'un sur son objectif de reprendre à la gauche le maximum de départements, pour l'autre de virer en tête au premier tour. La campagne électorale, d'une qualité médiocre dans tous les camps et faisant fi des véritables enjeux de l'élection n'avait donc aucune chance de mobiliser des électeurs insuffisamment informés. Et au niveau local, les appareils politiques n'ont pas toujours été à la hauteur de l'évènement. Un seul exemple : beaucoup d'électeurs, le jour du scrutin, se plaignaient de ne pas connaître les candidats qui se présentaient à leurs suffrages. Si ce n'est pas la preuve d'un déficit de communication... A ce titre, le redécoupage et l'agrandissement des cantons sont venus brouiller les repères, surtout en milieu rural où le conseiller général, souvent un notable

2 - Sondage Odoxa pour iTélé.
3 - Loi portant sur la Nouvelle organisation territoriale de la République.

du cru, avait une vraie visibilité. Les partis auraient pourtant été dans leur rôle en incitant les Français à s'intéresser à ce qui constitue le ciment de notre vivre ensemble, c'est-à-dire nos institutions et, en l'espèce, nos institutions locales. Car la gestion des affaires collectives, loin d'être du seul ressort des partis politiques, concerne tout un chacun... et pas seulement au moment d'aller glisser son bulletin dans l'urne ! Rien de ce qui constitue les affaires publiques n'est incompréhensible pour l'électeur lambda... à condition qu'on prenne la peine de lui expliquer comment ça marche et pourquoi c'est utile !

On aurait aussi pu attendre des médias qu'ils consacrent davantage de temps à présenter de manière vivante et dynamique les tenants et les aboutissants de la réforme ou le rôle du conseiller départemental. L'occasion était pourtant belle, à la faveur de l'introduction du scrutin binominal paritaire mixte, de dépoussiérer des élections qui sont toujours restées assez peu médiatisées. Au lieu de cela, les médias ont concentré leurs efforts et braqué leurs projecteurs sur l'instrumentalisation politicienne du scrutin : petites phrases assassines, querelles de personnes, mise en scène des affaires... Pourtant, le rôle des journalistes, nous semble-t-il, n'est pas de gérer l'image des hommes politiques mais d'informer et de créer du débat. Et pour le reste, l'analyse quotidienne des intentions de vote exprimées dans une avalanche ininterrompue de sondages tenait lieu de travail journalistique. Un peu court et superficiel, non ?

La leçon à retenir de l'échec de ces élections, car il faut bien parler d'échec quand la moitié de la population ne se déplace pas, c'est qu'il est urgent de repenser la communication politique, notamment au niveau des partis et des élus. Comment ? En la recentrant sur l'essentiel, en la considérant comme une politique publique à part entière qui doit s'élaborer en étant à l'écoute des messages délivrés par les électeurs. Ce n'est que par la prise en compte de leurs attentes et de leurs représentations de la politique que l'on construira une communication politique qui soit un facteur de cohésion sociale et d'expression d'un idéal démocratique et républicain partagé par le plus grand nombre.

Des candidats qui répugnent à aller au contact de la population

On l'a dit et redit, les Français ont une piètre image de leurs hommes politiques à qui ils reprochent, entre autres griefs, de se désintéresser de leurs préoccupations quotidiennes.

Un peu comme si, une fois élus, ils s'éloignaient inexorablement du monde « réel » pour rejoindre une autre planète, celle de la politique politicienne. Cela ne date certes pas d'hier mais cette défiance s'est amplifiée au cours des dernières années. En 1977, 42% des personnes interrogées lors d'un sondage TNS-Sofres estimaient que les hommes politiques se préoccupent « très peu ou pratiquement pas » de ce que pensent les Français. Elles sont aujourd'hui 85%, soit le double, selon le « Baromètre de la confiance politique » du CEVIPOF[4] publié en février 2015 !

4 - Centre d'études de la vie politique française. Depuis 2003, tout en conservant l'acronyme CEVIPOF, il a pris l'appellation Centre de recherches politiques de Sciences Po.

Ces chiffres sont implacables et mettent en lumière, de manière crue, la distance teintée de défiance qui s'est installée entre la population et ses représentants. Pourtant, à l'ère des nouvelles techniques de l'information et de la communication, le citoyen n'a jamais été autant interconnecté et informé. Aujourd'hui il nous est possible, non seulement de suivre l'actualité quasiment en temps réel, mais aussi de la commenter en direct en échangeant des points de vue avec des millions d'internautes. Si l'on s'intéresse plus spécifiquement à l'électeur, force est de constater qu'il est sollicité de toutes parts : mailing, phoning, marketing par sms, publicités virales sur les réseaux sociaux... Les partis n'ont jamais eu autant de moyens à leur disposition pour leur permettre de contacter des millions de personnes d'un simple clic.

Pourtant, ces techniques toujours plus perfectionnées se révèlent impuissantes à ramener, seules, les électeurs jusqu'aux bureaux de vote. Plus encore, la distance entre électeurs et politiques continue inexorablement à se creuser et la défiance des premiers à l'égard des seconds à s'exacerber.

RESPECTER LES ELECTEURS

Face à un tel constat, connu de tous et particulièrement des intéressés, le bon sens commanderait donc que les politiques saisissent toutes les occasions d'aller au contact des Français pour tenter de restaurer peu à peu leur image, notamment en manifestant un intérêt réel pour les problèmes que ceux-ci rencontrent dans leur vie de tous les jours. Au sein de notre structure, nous ne cessons d'ailleurs de répéter aux candidats que nous accompagnons que l'un des maux de notre démocratie réside précisément dans cette distance qui s'est creusée entre eux et les citoyens. Qu'observe-t-on en effet ? Au lendemain de l'élection, le candidat élu change radicalement de comportement. Alors qu'il avait côtoyé la population le temps de la campagne – dans des proportions variables et avec des stratégies parfois discutables, voir ci-dessous –, le voilà soudain happé par ses nouvelles obligations d'élu auxquelles il se consacre exclusivement, d'autant qu'il cumule souvent plusieurs mandats. S'il est nouvellement élu, il abandonne l'activité professionnelle qu'il exerçait jusqu'alors. Ce faisant, il se coupe de facto de sa base électorale.

Qu'en est-il de son adversaire ? Puisque le suffrage ne lui a pas été favorable, le candidat battu reprend son activité professionnelle : avocat, assureur, notaire, médecin, chef d'entreprise... sans plus se préoccuper, ou si peu, du sort de ceux qu'il avait réussi à mobiliser sur son nom le temps de la campagne. Ces deux comportements sont aussi dommageables et contreproductifs. C'est pourquoi nous nous évertuons à prêcher sans relâche la constance auprès de l'électorat, en tenant aux candidats le discours suivant : «au lendemain d'une élection, donnez-vous les moyens de rester en contact avec les électeurs. Faites grossir le nombre de vos sympathisants, entretenez la flamme, collectez des dons, restez actifs sur le terrain politique de votre territoire. Si vous avez été élu, vous leur devez des comptes, vous devez leur prouver tous les jours qu'ils ont fait le bon choix. Si vous avez été battu, labourez sans relâche le terrain, pas uniquement dans une posture d'opposant mais plutôt avec le souci de fédérer le plus largement possible ; la « majorité silencieuse » vous en saura gré. » Concrètement, et au-delà de la personne même du candidat (élu ou battu), l'équipe de campagne doit continuer à travailler, s'organiser, concevoir une stratégie en vue des prochaines échéances.

FAIRE CAMPAGNE AU PLUS PRES DU TERRAIN

Mais revenons à la campagne qui doit constituer un moment privilégié de rencontre et d'échange avec la population. Après tout, c'est quand même le moment ou jamais, non ? Que se passe-t-il sur le terrain ? Beaucoup de candidats se lancent dans la campagne comme à reculons et, surtout, bien trop tard ! Ce n'est pourtant pas faute de leur seriner (et nos confrères entonnent le même refrain) : « de grâce, arrêtez de faire campagne au dernier moment, les gens ne sont pas dupes ! » Comment en effet ne trouveraient-ils pas insupportable que l'on ne s'intéresse à eux que quelques maigres semaines tous les six ans, le temps d'une pêche aux voix où « les promesses n'engagent que ceux qui les écoutent ». En réalité, tout se passe comme si certains candidats avaient peur de l'électeur sur lequel ils portent un regard à la fois cynique et condescendant, et qu'ils considèrent comme un être somme toute médiocre que l'on invite fort imprudemment à donner son avis lors des consultations électorales. Tous ne sont évidemment pas ainsi. Il y a aussi, et nous en avons rencontré, des femmes et des hommes passionnés qui aiment le contact… et les gens, tout simplement. Mais ils sont hélas une minorité.

Il y a mille et une façons de mener une campagne électorale et les techniques permettant de s'adresser à l'électeur pour le convaincre de faire le bon choix sont aujourd'hui légion. La révolution numérique a mis à la disposition des candidats et des professionnels de la communication politique des outils performants dont il serait dommage de se priver et ouvert la voie à des techniques de campagne toujours plus sophistiquées. Mais ces techniques sophistiquées ont toutes un point commun : l'absence de contact réel, direct entre les électeurs et le candidat à une élection. Voilà pourquoi elles ne doivent venir qu'en appui de techniques plus traditionnelles, basiques diront certains, telles que le porte-à-porte. Et force est de constater que beaucoup de candidats répugnent à cet exercice, jugé ingrat et chronophage, préférant tenir des réunions politiques pour, disent-ils, toucher un plus grand nombre d'électeurs potentiels d'un seul coup. Ce qui constitue une erreur stratégique majeure et résulte d'un mauvais calcul. Car la réunion politique ne remplacera jamais le porte-à-porte. Qui assiste à une réunion politique ? Des sympathisants et des électeurs déjà convaincus venus soutenir leur candidat préféré. Également des indécis, certes, mais impliqués dans la vie politique locale ou à tout le moins encore motivés par le scrutin et qui viennent chercher des réponses aux questions qu'ils se posent. Et enfin, éventuellement, quelques opposants venus porter la contradiction à l'orateur et qui sont de toute manière « perdus ». C'est-à-dire une population déjà « politisée ». Il en est de même, d'ailleurs, des moyens de communication politique tels que l'envoi en masse de lettres ou d'e-mails qui, s'ils ne sont pas inutiles pour stimuler et mobiliser les troupes, ne peuvent en réalité toucher que les militants ou électeurs déjà engagés politiquement, déjà convaincus ou convertis, donc acquis à la « cause » et qui auraient de toute façon « bien » voté.

A l'inverse, le porte-à-porte permet d'aller au-devant de ceux qui ont renoncé à aller voter, ceux qui n'ont pas compris les enjeux du scrutin, ceux qui ont renoncé à attendre quoi que ce soit de la politique et des politiciens, les anonymes, les invisibles, les inaudibles. Deux chercheurs en science politique américains, Alan Gerber et Donald Green ont ainsi mis en évidence, dans une étude de référence[5], que de toutes les techniques électorales, c'est le porte-à-porte qui permet les meilleurs gains en termes de participation électorale. Technique militante par excellence, le porte-à-porte permet de renouer le lien entre électeurs et candidats, citoyens et représentants, de restaurer la confiance perdue, de reconnecter les gens au monde politique. Des études scientifiques ont montré que s'il fallait frapper à quatorze portes pour convaincre un abstentionniste d'aller voter, quarante appels téléphoniques étaient nécessaires pour parvenir au même résultat ou encore... 100 000 tracts ! Donc plus le contact se fait de manière directe et plus son impact est grand sur la participation politique des citoyens. Il est important que les militants sortent de leur « zone de confort » pour aller s'adresser à des gens qu'ils ne rencontrent peut-être plus dans leur vie quotidienne et qui ont besoin de sentir que l'on s'intéresse à eux et qu'on les écoute (voir page 83 : « Le porte-à-porte, martingale du marketing politique en ce début de 21e siècle ? »).

Améliorer la participation politique. Nous touchons là un point essentiel. Car la plupart des responsables politiques, même s'ils ne le reconnaissent pas en public ou face aux médias, considèrent le fait de s'adresser aux abstentionnistes, qui constitue précisément l'un des objectifs – et l'une des forces – du porte-

5 - GERBER *Alan et* GREEN *Donald, Get Out the Vote: How to Increase Voter Turnout, Brookings Institution, 2e édition (2008).*

à-porte, comme une perte de temps. C'est absurde ! Pire encore, certains en viennent même à redouter de mobiliser ainsi des gens qui n'auraient de toute façon pas voté pour eux et iraient de ce fait apporter leur suffrage à un adversaire. Le raisonnement est pour le moins alambiqué et témoigne d'une bien faible confiance en ses idées et sa force de conviction. Alors certes, le porte-à-porte est un exercice difficile qui demande de l'entraînement, de l'humilité, une vraie capacité d'écoute et de persuasion, mais s'en priver revient à gaspiller de précieuses ressources de voix.

Des partis politiques aux stratégies hasardeuses et illisibles

On entre ici de plain-pied dans les subtilités de la cuisine politicienne... pour le meilleur et surtout pour le pire. On a déjà souligné combien la réforme du mode de scrutin avait contraint les partis à s'adapter aux nouvelles règles.

Malgré la légère augmentation du nombre de sièges à pourvoir (4 108 au lieu de 3 996) et ne serait-ce que pour respecter la parité imposée par le scrutin majoritaire binominal mixte, un certain nombre de sortants ont été contraints de laisser leur place. On se doute que ces renoncements ont parfois été des déchirements et que les appareils politiques ont eu à gérer des situations tendues, nombre de recalés de l'investiture estimant n'avoir pas plus démérité que certains de leurs collègues qui avaient sauvé leur peau. Face à un manque de transparence flagrant dans le choix des investitures, certains prirent même carrément les devants en se décrétant candidats et en lançant leur campagne le pied au plancher ! Une manière comme une autre de s'imposer... Et puis, il a aussi parfois fallu faire de la place, à contrecœur, à un partenaire issu d'une formation alliée. Dans un climat de confusion où les règles du jeu étaient pour le moins confuses, il y avait toutefois une bonne nouvelle : la réforme électorale contraignait les partis à faire « monter » une nouvelle génération d'élus issus notamment des dernières municipales, parmi lesquels de nombreuses femmes.

UN RENOUVELLEMENT EN TROMPE-L'ŒIL

Néanmoins, le grand renouvellement annoncé est en partie trompeur. D'abord, parce que dans des assemblées comptant pas moins de 87% de sortants masculins, si l'introduction de la parité a forcément eu pour effet de féminiser les effectifs, nous avons déjà noté que les postes de responsabilité étaient demeurés pour une large part entre les mains des hommes... pour la plupart sortants et même multi sortants si on nous passe l'expression. Il n'y a donc pas eu de troisième tour de la parité. D'ailleurs, une grosse moitié des conseillers généraux sortants prétendaient à un nouveau mandat et les deux tiers d'entre eux ont été réélus, avec des fortunes diverses selon les partis, les conseillers généraux socialistes sortants ayant connu, on s'en serait douté, davantage d'échecs que leurs collègues de la droite et du centre. Plus encore, toutes étiquettes confondues, 70 des 100 présidents de conseil général sortants se sont lancés à nouveau dans la bataille. En outre, nombre de nouveaux élus gravitaient déjà dans l'entourage d'anciens élus où ils exerçaient diverses fonctions.

QU'IL EST DIFFICILE DE CEDER LA PLACE...

En dehors de certaines situations locales particulières, il faudrait aussi que l'on nous explique et, plus important encore, que l'on explique aux électeurs, quel intérêt il peut y avoir à accorder une investiture à des candidats sortants dont on sait pertinemment que, pour diverses raisons (mauvais bilan, « affaire(s) » en cours, image dégradée, redécoupage défavorable...) ils seront inexorablement battus, tels ces boxeurs qui font le combat de trop. Quand certains élus s'accrochent à leur poste et briguent un cinquième voire un sixième mandat, la démocratie n'a rien à y gagner mais au contraire beaucoup à y perdre. Alors oui, bien sûr, ces vieux chevaux de retour du suffrage universel ont toujours d'excellents arguments (ou du moins le croient-ils) à faire valoir. Quand l'un d'eux déclare : « j'apporte mon expérience à une équipe renouvelée », ou encore « il faut mélanger l'expérience et la jeunesse », il faut comprendre qu'il n'a pas voulu laisser la place mais qu'il a pris soin de s'entourer de candidats novices... et probablement à sa botte !

Histoire de campagne : le combat de trop

Ce notable, conseiller général depuis 23 ans d'un canton de l'Ouest de la France, est une figure locale aux multiples casquettes. Lorsqu'il fait appel à nous en ce début du mois de janvier, c'est par téléphone et en ces termes : « Je souhaiterais vous rencontrer ! Dans la prestation que vous nous faites payer, il y a du conseil, je souhaiterais donc qu'on mette en forme ma campagne ! ». Si l'approche est abrupte, elle est parfaitement légitime et témoigne d'une volonté d'en découdre qui éveille au moins notre intérêt et nous incite à aller voir de plus près de quoi il retourne.

L'homme qui se tient devant nous ne paye pas de mine avec son teint rougeaud et ses cheveux en broussaille. Son costume a de toute évidence connu lui aussi de nombreuses campagnes. D'ailleurs, un des boutons de sa veste semble vouloir jeter l'éponge... Il attaque d'emblée : « Voilà, je souhaite... enfin... aux côtés de ma binôme (le réflexe n'est pas encore acquis), je souhaite être réélu, bien sûr. Mais pour la première fois, je ne suis pas trop confiant. Vous comprenez, entre le redécoupage, l'évolution sociodémographique... et puis je suis conseiller général depuis 23 ans... Bref, ça risque d'être compliqué pour moi... enfin, pour nous (ça va finir par rentrer...). »

Le diagnostic est implacable de lucidité et témoigne d'une finesse d'analyse qui force l'admiration. De toute évidence, en vieux routier des joutes électorales, il commence à sentir le vent tourner. Un peu tard toutefois et pas suffisamment pour en tirer toutes les conséquences... Immédiatement, deux questions nous traversent l'esprit. Tout d'abord, quelle est donc celle qui se retrouve (mal) embarquée avec lui dans cette aventure ? Nous la découvrirons plus tard. Mais aussi et surtout, comment se fait-il que l'appareil départemental du parti n'ait pas pris ses responsabilités en lui faisant comprendre qu'après tant d'années de bons et loyaux services il était sans doute temps de laisser la place pour préparer l'avenir ? Perplexes devant l'ampleur de la tâche qui nous attend, nous notons sur notre carnet de bord : « Va y avoir du boulot ! ».

Malgré tout, nous dessinons ensemble les contours d'une stratégie électorale, d'abord à son corps défendant puis, à force d'explications et de démonstrations, avec son assentiment. A tel point que nous informons l'animateur départemental de la campagne des grandes lignes de l'action qu'il a été convenu de mener : « Nous venons de faire le point avec le candidat. Même s'il était dubitatif dans un premier temps, nous l'avons convaincu de s'attaquer à quelques communes de son canton (regroupant malgré tout plus de deux tiers des électeurs) dans une campagne de porte après porte. Compte tenu des circonstances et de son profil, il doit faire acte d'humilité, rencontrer les électeurs, se présenter et présenter sa binôme, expliquer les raisons profondes qui motivent leur candidature. Bref, labourer le terrain. Nous avons le sentiment qu'il a compris le message. Il nous quitte à l'instant et il est regonflé à bloc ! ».

Tout avait été prévu et planifié dans les moindres détails. Nous avions établi une hiérarchie des communes sur le territoire desquelles il devait aller faire du porte-à-porte, déterminé la nature du support qu'il distribuerait, « calé » les rôles respectifs de sa binôme et le sien... Bref, tout ce qui devait permettre de mener une campagne structurée et efficace de porte-à-porte sur les 10 semaines à venir. Nous avions juste omis un « détail ». On ne bouscule pas en quelques jours les (mauvaises) habitudes acquises en 23 années d'exercice politique. Chassez le naturel... Nous n'avons jamais revu notre vétéran des campagnes départementales qui s'empressa de déléguer à sa partenaire de binôme les contacts avec notre agence pour la rédaction et la mise en page des supports de communication.

Que pensez-vous qu'il advînt ? Il fit un premier tour calamiteux, bien loin derrière son adversaire direct et devançant péniblement le binôme du Front national dont les candidats, entièrement novices tous les deux, ne disposaient d'aucune implantation locale. Son parti pris d'extrémiser sa campagne entre les deux tours ne lui permit de récupérer qu'à peine plus de la moitié des points engrangés par le binôme FN au premier tour, et encore, avec un taux de participation global inférieur.

Stratégie perdante sur toute la ligne qui met en lumière un triple échec. Celui d'un appareil politique, tout d'abord, qui, faute de courage politique et/ou pour d'obscures raisons a reconduit un homme du passé qui présentait pourtant un profil de perdant. Celui du candidat qui, tout en ayant conscience de ses insuffisances, se refuse à une vraie analyse critique qui lui aurait permis de tirer les conséquences de son ressenti initial. Le nôtre enfin pour avoir manqué de fermeté dans nos propos et de directivité dans notre accompagnement. Nous aurions pourtant dû être alertés lorsque sa partenaire nous confia, entre deux prises de vues, qu'elle ne se sentait pas en phase avec son binôme et glissa, dans la conversation : « Regardez le bouton de son costume, il s'apprête à tomber ! Vous croyez que c'est normal pour quelqu'un qui est en campagne de s'accoutrer de la sorte ? ». Le bouton avait vu juste : il était temps d'aller voir ailleurs.

SORTEZ LES MULTI SORTANTS

Ce mode de fonctionnement est la conséquence d'une « prime » au candidat qui accumule le plus de ressources politiques, c'est-à-dire le (multi) sortant qui « tient » le territoire par ses réseaux et/ou l'élu cumulard. Or ce type de comportement est précisément une des raisons pour lesquelles les gens vont de moins en moins voter, dégoûtés qu'ils sont par ces professionnels de la politique qui semblent n'avoir pour seul objectif que celui de durer le plus longtemps possible. Pourtant, la solution existe. De même que la réforme du mode de scrutin a imposé la parité pour ces élections départementales (et pour les régionales à venir en décembre), il serait possible de décider dans la loi qu'un élu ne peut accomplir plus de trois (voire deux) mandats successifs). Combinée à la parité et à la loi du 14 février 2014 qui prévoit que, dès 2017, les parlementaires ne pourront plus cumuler leur mandat avec la présidence d'assemblées locales, cette disposition signerait la perte d'influence de ces « grands féodaux » de la vie politique française sous la Ve République que sont les députés-maires ou députés-présidents de Conseils départementaux, figures incontournables, souvent intimidantes et presque toutes masculines qui accaparent le pouvoir et sclérosent la démocratie en empêchant le renouvellement de la classe politique.

Histoire de campagne : hommage a La Fontaine

Nous connaissons tous la fable intitulée « La laitière et le pot au lait ». En l'espèce, c'est le chef de file de la droite locale qui, dans ce département du Sud-Ouest, tint le rôle de Perrette. Chouchou des médias locaux pour qui il était le prototype du « bon client », notre homme croyait dur comme fer en son élection, malgré un premier tour décevant. Mieux encore, il se rêvait volontiers en Président de l'assemblée départementale. Il en était certain, son heure avait sonné, tous les voyants étaient au vert : le patron du département depuis près de 40 ans (!), socialiste, ne se représentait pas ; lui-même avait le vent en poupe et la vague bleue annoncée ferait le reste. Sa belle assurance avait fini par gagner son équipe qui s'activait en coulisse avec ardeur pour préparer un « gouvernement de transition » et distribuait déjà les portefeuilles, récompensant les uns, sanctionnant les autres, composant avec les sensibilités politiques. Bref, l'affaire était dans le sac. Nous vous laissons deviner la suite...

UNE ELECTION PEUT SE PERDRE AU PREMIER TOUR MAIS ELLE SE GAGNE AU DEUXIEME

Une autre tare, n'ayons pas peur des mots, que nous avons pu observer à plusieurs reprises à l'occasion de ces élections, tient dans l'inertie des appareils politiques entre les deux tours. Entre hésitations, atermoiements et discussions interminables, surtout lorsque les deux membres du binôme appartiennent à des partis différents et ne sont pas d'accord sur la tactique à adopter, ils s'avèrent bien souvent incapables d'imposer de vrais choix stratégiques, assumés et défendus, qui pourraient pourtant permettre de sauver certaines circonscriptions ou, à tout le moins, de rassurer et mobiliser des électeurs qui ne savent plus à quel candidat se vouer. La démocratie exige davantage et notamment un minimum de sens tactique et de courage politique.

2

DANS LES COULISSES DE L'AGENCE PLEBISCIT

Candidats et communicants : le grand malentendu

Histoire de campagne : qu'est-ce qu'il fait, qu'est-ce qu'il a, qui c'est celui-la ?

Une immense salle des fêtes dans une commune de l'Ouest de la France. Nous sommes conviés à nous présenter à l'ensemble des binômes du département réunis pour la première fois.

Assis sagement en rang d'oignons, les candidats boivent la bonne parole distillée par les anciens, vieux grognards des champs de bataille électoraux. Suit une présentation plus technique axée sur les bonnes pratiques en matière de comptes de campagne. On sent que Bygmalion est passé par là...

Lorsqu'arrive le moment de notre « grand oral », nous savons que nous allons devoir « vendre » notre prestation d'accompagnement et de conseil à un public pas forcément acquis à notre cause. Une trentaine de paires d'yeux nous dévisage déjà : les yeux amicaux et convaincus de ceux que nous avons déjà accompagnés lors des dernières municipales, les yeux remplis d'espoir des candidats dépassés par les évènements en quête d'un magicien ou d'un faiseur de pluie, les yeux dubitatifs sinon goguenards de ceux pour qui tout ça ce sont des trucs d'américains avec strass et paillettes qui coûtent la peau du c... pour pas grand-chose, les yeux hostiles des vieux routiers des campagnes électorales, forcément omniscients, pour qui nous sommes au mieux des empêcheurs de voter en rond, et tous les autres, qui ne savent pas très bien à quoi s'attendre... ni même parfois ce qu'ils font là.

Difficile d'imaginer assemblée plus hétérogène, parfaite illustration de la difficulté éprouvée par les partis à réunir suffisamment de candidats pour figurer dans tous les cantons. Notre mission s'avère particulièrement complexe : créer un collectif homogène animé d'un esprit de corps en l'espace de quelques mois...

Histoire de campagne bis : tout ça c'est bien joli, mais ça va couter combien ?

Mercredi 7 janvier 2015 dans la salle de conférence d'un hôtel.

C'est la première fois que l'équipe des 42 candidats de la droite et du centre de ce département essentiellement rural se trouve réunie. Louis•, le chef de file de la campagne (qui, à cet instant, n'est pas encore officiellement désigné comme présidentiable et doit faire face à plusieurs concurrents) préside la séance. Après une intervention de l'ancien président du Conseil général battu lors d'un précédent scrutin et qui insiste sur la nécessité de donner au groupe une identité forte pour éviter une nouvelle désillusion, Louis reprend la parole. Il nous présente à l'assemblée comme les garants de l'harmonisation et de l'identité visuelle des outils de campagne de tous les binômes. Il insiste, un peu trop sans doute, sur l'aspect esthétique de la campagne.

Quoique singulièrement réductrice, voire minimaliste, cette approche mettant l'accent sur l'aspect cosmétique de notre mission est concertée. Nous nous sommes rangés à l'opinion de Louis qui estime en effet prudent de bannir pour le moment de notre voca-

• Le prénom a été modifié.

bulaire les termes tels que « conseil », « stratégie » ou encore « accompagnement » (sans même parler de « marketing » !) jugés trop « parisiens » pour une assemblée provinciale ancrée dans un terroir essentiellement rural.

Nous adaptons donc d'emblée notre discours aux attentes supposées de notre public du jour en présentant le plus simplement du monde les outils que nous envisageons de mettre en œuvre au cours de la campagne pour promouvoir l'identité forte évoquée précédemment. Rompus à cet exercice, nous percevons pourtant sinon un malaise, du moins une forme de perplexité parmi l'assistance. Désireux de bien faire, nous entrons dans les détails pour affiner nos propositions et les rendre plus concrètes. Soudain, un doigt se lève. Nous nous interrompons aussitôt pour donner la parole au propriétaire du doigt qui nous apostrophe en ces termes :
- Tout ça c'est bien joli, mais ça va coûter combien ?

Un peu surpris car Louis nous avait assuré avoir abordé l'aspect budgétaire une semaine plus tôt avec les candidats, nous voilà contraints de détailler au paperboard le prix de chaque élément tandis que face à nous se dresse instantanément une armée de calculettes. L'enjeu est évident : s'assurer que le total ne dépasse pas les 47,5% du montant du plafond remboursable ! Ainsi, s'ils obtiennent (ce qui est plus que probable), plus de 5% des suffrages exprimés, la campagne ne leur aura pas coûté un sou !

Cette anecdote apparemment caricaturale est révélatrice de la place qu'accordent aujourd'hui les politiques à la communication dans leurs campagnes. Alors oui, c'est vrai, l'accompagnement et le conseil par des professionnels ont un coût mais, au-delà du fait qu'un simple bilan coût-avantage démontre généralement le bénéfice d'un tel investissement, nous nous efforçons toujours de prendre en considération les caractéristiques propres à chaque élection. En l'espèce, il s'agissait de concevoir une campagne à l'image globale, avec des outils mutualisés et des formations réunissant sur une même journée l'ensemble des binômes du même département, dans une démarche d'optimisation des coûts qui s'accordait avec notre volonté de promouvoir un véritable esprit d'équipe. Tout en offrant un accompagnement personnalisé à chaque candidat, en composant avec les forces et les faiblesses de chacun et en prêtant une oreille attentive aux attentes, inquiétudes et envies exprimées par les uns et les autres. Parce que nous croyons fermement que la communication politique, dans son acception la plus noble, est une des clés permettant de donner un nouveau souffle à la vie politique et de redynamiser les échanges entre les hommes politiques et les Français.

Si le métier de conseil en communication et marketing politique est passionnant, il n'est jamais de tout repos. Nous avons accompagné de nombreux candidats (220 lors des dernières départementales), rencontré tous les profils : l'enthousiaste comme le sceptique, le bon élève comme le cancre, le cynique comme le naïf, l'arrogant bouffi de suffisance « j'ai déjà tout vu, tout fait, je connais MES électeurs mieux que personne » comme le novice désemparé, avide du moindre conseil. Si certains étaient d'emblée convaincus, nous avons parfois peiné à convaincre les plus réticents de l'intérêt de notre accompagnement, souvent dû recadrer les uns et les autres (mais c'est notre travail) et leur rappeler les « fondamentaux » d'une élection quand ils se dispersaient, s'égaraient ou perdaient pied. Et dans certains cas, quand la mauvaise volonté, le refus de toute critique constructive ou l'obstination à faire cavalier seul étaient décidément trop forts, il nous a bien fallu, à contrecœur, nous résigner à laisser l'attelage poursuivre sa course incohérente et finir dans le décor.

D'une manière générale, un constat s'est imposé à nous, comme il s'était déjà imposé lors des précédents scrutins que nous avions suivis : celui d'un retard considérable en France en matière de formation des élus et des candidats, notamment dans les élections locales, quand conseils et accompagnements sont largement prodigués à l'étranger où ils sont passés dans les mœurs politiques. Sur ce plan, le Front National a un temps d'avance sur ses rivaux, même s'il n'est pas à l'abri de quelques « bugs », dus pour l'essentiel à l'obligation de faire émerger à tout prix des candidats dans des territoires où il n'est pas encore solidement implanté. Dans bien des cas, comme nous l'avons déjà signalé, nombre de candidats novices se sont retrouvés propulsés dans l'arène sans réelle formation préalable, sans logistique et quasiment sans moyens.

Même s'ils étaient animés de la meilleure volonté du monde et de la foi du charbonnier, leur bagage était un peu mince.

L'accompagnement par des spécialistes de la communication politique n'étant pas encore entré dans les mœurs de la démocratie locale française, les rapports avec les candidats sont parfois complexes et ambigus, quand ils ne sont pas empreints de méfiance ou de scepticisme. Pourtant, on ne fait plus aujourd'hui de la politique comme on en faisait il y a vingt ans. Le rapport de l'électeur à la politique et à ceux qui la font a changé. Il est devenu plus exigeant… ou plus désabusé. Les recettes du passé ne fonctionnent plus, les rentes électorales ont fondu comme neige au soleil. Chaque électeur doit être conquis, ce qui requiert un discours clair, une stratégie électorale élaborée et, dans le cadre d'une élection départementale en binômes, un message cohérent et harmonieux. Pourtant, le message a parfois du mal à passer…

La méthode Plebiscit

Une campagne électorale, quelle qu'elle soit, met aux prises des compétiteurs politiques qui se confrontent et concourent pour la conquête d'un trophée, que celui-ci s'appelle mairie, conseil départemental ou régional, députation… ou présidence de la République.

Cette lutte est censée se jouer autour d'échanges entre les citoyens et les candidats, ces derniers présentant leurs projets pour l'avenir du territoire convoité. Mais cette vision schématique et idéalisée est incomplète. Nous savons tous que le choix des électeurs ne s'effectue pas sur la seule base des programmes électoraux. Il y a aussi tout un travail de persuasion à accomplir dans une campagne. Les candidats ne luttent pas seulement sur des propositions d'action, mais également sur leur prétention à endosser le rôle qu'ils convoitent. Le travail de persuasion va donc porter sur ces deux dimensions : emporter l'adhésion par le contenu des propositions, d'une part, et démontrer la capacité du candidat à exercer la fonction élective convoitée, le rendre légitime aux yeux

des électeurs. Une campagne électorale nécessite donc de mobiliser et persuader ceux à qui l'on s'adresse.
On ne se lance pas à la conquête d'un mandat électoral la fleur au fusil. Si vous avez l'ambition de briguer les suffrages de vos concitoyens, vous devez posséder au moins les quatre qualités suivantes : une bonne dose de courage, un sens aigu de l'organisation, de l'audace et, dans une moindre mesure, des convictions. Aussi surprenant (et cynique ?) que cela puisse paraître au premier abord, nous plaçons volontairement cette qualité en dernière position. Nous y reviendrons ultérieurement.

La compétition électorale ressemble à une course d'endurance, avec ses chausse-trappes, ses moments d'euphorie où l'on entrevoit tout à coup fugitivement la possibilité d'une victoire, ses « coups de pompe » lorsque problèmes et contretemps surgissent en vagues successives et s'accumulent, bref ses montagnes russes émotionnelles où l'espoir et le découragement vous saisissent tour à tour dans la même journée, jusqu'au dénouement, le dimanche soir, quand tombe le couperet implacable d'un résultat qui s'est souvent joué à peu de chose. Quelques dixièmes de points de pourcentage qui ont fait pencher la balance dans un sens plutôt que dans l'autre. Et des mois d'efforts et de tensions extrêmes récompensés ou balayés en un instant.

Face à l'intensité et même parfois la violence de ces épisodes de campagne, tous les candidats, sans exception, apparaissent démunis et livrés à eux-mêmes car insuffisamment préparés et soutenus. Interpellés par le constat récurrent de l'approximation, l'amateurisme, l'impréparation et l'absence de formation des candidats à la pratique d'un exercice sur lequel reposent pourtant les fondements mêmes de notre système démocratique, nous avons décidé de créer PLEBISCIT. Parce que l'improvisation et la passivité mènent toujours à l'échec. Une bonne campagne se prévoit et s'organise dans son ensemble, calendrier à l'appui, chaque pièce du puzzle devant venir s'emboîter parfaitement dans le tableau d'ensemble.

Au cours des dix années qui viennent de s'écouler, nous avons côtoyé un nombre considérable de candidats, tous animés des meilleures intentions du monde. Notre constat est sans appel : une seule fois nous avons rencontré, réunis en une seule et même personne, ces quatre traits de caractère pourtant indispensables à qui ambitionne de s'engager en politique.

C'est pourquoi nous avons conçu une approche progressive et itérative qui a pour ambition de permettre au candidat, dès le début de notre collaboration, de prendre conscience de ses atouts comme de ses faiblesses originels et de mesurer ainsi tout le chemin qu'il lui reste à parcourir jusqu'au jour du scrutin pour passer du statut de candidat à celui d'élu. Nous lui fournissons tous les éléments grâce auxquels il pourra progresser, se perfectionner et combler ses lacunes afin que cette course contre la montre qu'est une campagne, course d'endurance dans laquelle chaque instant est compté et chaque erreur de trajectoire se paye cash dans les urnes, connaisse un dénouement heureux.

NOTRE APPROCHE CONCRETE DU « METIER » DE CANDIDAT

L'heure est venue d'entrer dans le vif du sujet. Comment procédons-nous ? Comment rencontrons-nous les candidats ? Sur quelles bases élaborons-nous, pour chacun d'eux, la stratégie de montée en puissance adéquate, et de quelle façon accompagnons-nous au quotidien le candidat et les volontaires qui le suivent et l'entourent ? Nous allons tenter de répondre le plus concrètement possible à ces questions dans les lignes qui suivent.

Vous avez probablement noté qu'il n'a pas été question jusqu'à présent des dimensions « exogènes » touchant à l'engagement du candidat, telles que son appartenance à un parti de gouvernement ou encore les prédictions des sondages quant à la force et l'orientation des vents dominants à l'occasion du scrutin dans lequel il va concourir. Ce n'est pas un oubli de notre part mais plutôt l'affirmation du contenu réel de notre mission. En effet, nos objectifs ne sont pas de cette nature. Notre démarche est simple et pourrait se résumer en une phrase : placer un candidat dans les meilleures dispositions possibles pour lui permettre de l'emporter et de participer ainsi au renouvellement des générations politiques que nous appelons de nos vœux. C'est en effet le credo sur lequel nous avons fondé PLEBISCIT et c'est aussi la raison pour laquelle nous avons fait le choix d'accompagner aussi souvent que nous le pouvons de nouveaux entrants en politique : des femmes et des jeunes – inconnus mais déterminés et convaincus de la nécessité, de l'urgence, même, de leur engagement politique – voire, le cas échéant, une équipe de candidats dépourvus de l'expérience de la direction d'un exécutif mais animés d'une solide volonté de s'investir dans la démocratie locale. Pour tous, notre défi sera de mettre en place les éléments d'une marche accélérée vers la conquête de la notoriété. Enfin, pour être exhaustifs sur nos critères de choix, nous ne souhaitons pas travailler pour les candidats situés aux extrêmes de l'échiquier politique.

Les réseaux que nous avons tissés au fil des années sont extrêmement précieux et porteurs de futures prescriptions. En effet, nombre de candidats viennent à nous par ce canal. Notre activité, et plus encore la manière dont nous entendons l'exercer, nous place dans un champ d'expertise où la relation interpersonnelle est déterminante. Une fois le contact établi, nous rencontrons le candidat en tête-à-tête à l'occasion de ce que nous appelons, dans notre jargon, un « entretien cash ».

L'ENTRETIEN CASH

Ce type d'entretien a de nombreux mérites, au premier rang desquels celui de surprendre et de désarçonner un candidat qui s'attend à une brève prise de contact vaguement informelle de découverte mutuelle. Autre avantage : il sollicite notre mémoire. En effet, chaque rencontre est l'occasion de comparer notre ressenti avec ceux qui sont déjà stockés dans nos « bases de données » respectives, et donc en quelque sorte de l'étalonner ; ce qui nous permet, le cas échéant, de dire au candidat que nous ne souhaitons pas travailler avec lui si son profil ne nous correspond pas ou si nous n'entrevoyons pas de perspective d'avenir. C'est d'ailleurs l'unique occasion que nous aurons de le faire, notre déontologie nous interdisant de « laisser en plan » un candidat que nous avions choisi d'accompagner.

L'objectif de cette première entrevue est double :

- Nous attendons du candidat qu'il se présente, qu'il nous explique le sens de sa démarche en répondant notamment à ce type de questions : Où en est-il ? Quelles sont ses ambitions ? Quel projet veut-il porter ? Quelles sont les raisons qui l'ont poussé à venir nous rencontrer ? Quelles sont ses attentes ? Nous l'invitons à parler de lui sans filtre, n'hésitant pas à relancer aussi souvent que nécessaire lorsque la réponse ne nous paraît pas suffisamment complète ou précise. Nous lui demandons aussi de nous parler de ses appréhensions, des difficultés auxquelles il fait face (ou s'attend à faire face), sans oublier de nous signaler les « casseroles » qu'il pourrait traîner et qui ne manqueraient pas de resurgir inopinément au plus mauvais moment. On n'est jamais trop prudents et il est préférable d'anticiper pour déminer le terrain plutôt que de réagir dans l'urgence et la précipitation...

- En retour, ce premier contact a aussi pour but de commencer à lui faire entendre notre petite musique, c'est-à-dire la manière dont nous envisageons notre collaboration, de lui dévoiler un aperçu de la méthode rigoureuse qu'il aura – seul ou avec ses équipes – à mettre en place et à appliquer scrupuleusement jusqu'au jour de l'élection. Ce faisant, et forts des éléments obtenus dans la première partie de l'entretien, nous nous attachons à évaluer son degré de motivation et d'implication, sa capacité d'organisation et sa détermination à "casser les codes" pour atteindre son objectif.

C'est à l'issue de cet entretien dense et sans concession que nous choisissons de travailler ou de ne pas travailler avec lui (ce cas de figure se présente plus souvent que nous ne l'imaginions quand nous avons créé Plebiscit) avec lui. Si nous choisissons de l'accompagner, c'est pour nous un engagement fort et riche de sens et sa campagne deviendra la nôtre.

Ces « entretiens cash » nous réservent régulièrement leur lot de surprises, à tel point que, même après une dizaine d'années de pratique, nous ne nous en lassons jamais. S'y révèlent en effet toutes les faiblesses, approximations et bizarreries de notre système électoral, mais aussi tout l'amateurisme, la candeur, l'inconscience même, parfois, des candidats, ces rouages essentiels sans lesquels, pourtant, ce fragile édifice démocratique n'existerait plus depuis des lustres.

Car à vouloir à tout prix encadrer les budgets de campagne pour des motifs tout à fait louables et vertueux d'équité et de transparence notamment, le législateur a engendré une machine infernale à produire du non-sens. Ce qui s'avère lourd de conséquences et génère, entre autres dysfonctionnements, des réflexes d'affectation des budgets de campagne à moindre coût, des rétroplannings hasardeux, des postulats de campagne fondés (c'est-à-dire extrapolés... à la louche) sur d'autres campagnes et d'autres scrutins...
Pire encore, et aussi incroyable que cela puisse paraître, les candidats ne se posent que très rarement la question de la judicieuse affectation des moyens et de l'utilité marginale des actions menées dans une logique progressive de montée en puissance et de quête de notoriété. Ainsi, pour le candidat lambda, il est normal et habituel de rédiger une lettre de candidature et de convoquer en grande pompe la Presse Quotidienne Régionale, de faire imprimer un programme papier de 12, 16... ou même 44 pages (!) riche de promesses qu'il ne pourra évidemment pas tenir et que de toute façon le citoyen ne lira jamais, puis de le (faire) distribuer dans toutes les boîtes aux lettres de la circonscription grâce aux services d'un routeur qui lui accordera la même attention qu'aux prospectus de la grande distribution, de concevoir une affiche illustrée de photos médiocres, affublées d'un slogan banal en gros caractères ; selon la météo politique du moment, on y ajoutera ou pas le logo du ou des partis concerné(s).

Les professions de foi seront du même acabit, sans parler du fameux tract de marché que l'on distribuera stoïquement à côté de ses meilleurs ennemis. Autant de recettes éculées qui, dans le meilleur des cas, ne distingueront pas le candidat de ses adversaires, mais qui, plus sûrement, le catalogueront « loser » ou « homme du passé » !

Deux anecdotes tirées d'« entretiens cash » réalisés au cours de ces derniers mois illustrent parfaitement l'intérêt et le style de ces rencontres.

Fin octobre 2013, nous accueillons dans nos locaux un candidat aux municipales qui a manifesté le désir de travailler avec nous. L'entretien se déroule en présence de celui qui est destiné à devenir son directeur de campagne. Doté d'une certaine faconde, le candidat présente bien et se prête de bonne grâce à nos questions. Il nous fait bientôt comprendre que son objectif principal, ce sont les législatives de 2017 et qu'en conséquence, un éventuel échec ne serait pas dramatique. Au fil de l'entretien, il apparaît que l'écrit n'est pas son fort, pas plus d'ailleurs que l'organisation des tâches quotidiennes. Il insiste sur sa qualité de chef d'entreprise, sur sa volonté de le rester jusqu'au dernier jour de la campagne et donc sur le peu de temps dont il dispose pour celle-ci. Son futur directeur de campagne encaisse ces « révélations » sans broncher. Il paraît connaître le bonhomme. La conversation avance et nous découvrons que notre homme jouit par ailleurs d'une « vie personnelle trépidante ». Malgre tous ses handicaps apparents, nous estimons qu'il réunit les atouts d'un bon candidat : il est humain, bon vivant, il a le verbe facile, possède des talents de bretteur et a l'habitude de manager une équipe. A condition d'avoir à ses côtés quelqu'un qui prenne en charge toute l'organisation, cela devrait faire l'affaire. La discussion se termine donc dans un climat détendu. Le candidat s'apprête à nous quitter, se ravise soudain et revient sur ses pas pour nous lancer : « *Ah, j'avais oublié de vous dire, je suis Franc-maçon !* ».
La précision est d'importance. Grâce aux informations recueillies lors de cet « entretien cash », nous sommes en mesure d'élaborer avec le candidat et son directeur de campagne une stratégie permettant de tirer le meilleur parti de son réseau, sans négliger de prévoir une tactique adaptée pour éviter les peaux de bananes que ne manquera pas de déposer sur sa route son principal adversaire, frère au sein de la même loge... Il faut croire que la stratégie mise en place était la bonne puisque notre homme est, depuis fin mars 2014, maire, qu'il a abandonné la majorité de ses activités professionnelles dans le privé et qu'il est tellement investi dans son mandat qu'il ne songe plus à se présenter aux législatives !

Décryptage : outre son côté « bon client », plusieurs facteurs ont joué en sa faveur... et la nôtre. Tout d'abord, son directeur de campagne, qui le connaissait bien, avait parfaitement anticipé ce qui allait se passer, en l'occurrence qu'il allait se prendre au jeu. En outre, le profil de son adversaire était de ceux que nous aimons affronter : en poste effectif depuis 6 ans mais élu sur d'autres mandats locaux, en réalité, depuis 25 ans. Du pain bénit pour nous qui sommes les chantres du renouvellement de la classe politique !

La seconde anecdote date du mois de janvier dernier, quelques semaines avant les élections départementales donc. Pour la première fois dans notre histoire électorale, les candidats vont affronter le verdict des urnes en binômes mixtes. Pourtant, celui que nous recevons se présente à nous seul. Nous lui prêtons néanmoins une oreille complaisante. Il attaque d'emblée : « *Écoutez, je suis un vieil élu – je suis d'ailleurs le doyen de mon assemblée départementale – mais, de vous à moi, je possède des terres en fermage, donc j'ai du temps libre. En plus, ma femme n'est pas des plus commodes, bref... Mon entourage me dit de ne pas y aller, que c'est le combat de trop, mais je ne veux pas raccrocher les gants car pour moi, s'arrêter, c'est déjà avoir un pied dans la tombe.* »

Sans nous laisser le temps d'en placer une après cette entrée en matière quelque peu déroutante, il enchaîne : « *Si je suis venu seul aujourd'hui, c'est parce qu'on m'a imposé ma « binôme ». Voyez-vous, je la connais à peine et puis, vous savez, entre nous, la politique c'est quand même quelque chose de sérieux, donc autant se voir entre hommes !* ». La dernière saillie, censée flatter notre orgueil de mâles, fait chou blanc et nous ne pouvons nous départir d'un sentiment de malaise. Au moins le décor est-il planté, même si nous avons rarement été confrontés à un tel concentré d'inepties débitées en un peu moins de dix minutes. Tous les indicateurs sont au rouge, ou quasiment. Seulement voilà : la situation est délicate dans la mesure où nous avons été missionnés pour accompagner l'ensemble des binômes présentés dans le département par un seul et même parti. Il était donc à prévoir que, sur le nombre, il n'y aurait pas que des profils de vainqueur. Et nous savions par ailleurs que, les appareils politiques étant confrontés pour la première fois à l'obligation de présenter des binômes mixtes, notre

mission serait beaucoup plus complexe que d'habitude car, ne nous voilons pas la face, les femmes candidates étaient pour la plupart nettement moins identifiées par les électeurs que leurs collègues masculins. Mais revenons à notre homme. Sa diatribe terminée, nous lui faisons part de notre vision des choses qui, bien évidemment, diffère sensiblement de la sienne, tant sur le fond que sur la forme. Nous lui parlons de rétro-planning, mettons l'accent sur l'importance d'aller à la rencontre des électeurs, notamment par le porte-à-porte, abordons la notion de socle électoral pour lui faire toucher du doigt la nécessité d'étudier de façon dynamique les modifications politiques qu'a subies son territoire périurbain depuis 10 ans. Lorsque nous en terminons, s'installe entre nous un silence pesant. Les yeux grand ouverts, le regard vide, la bouche inerte, notre candidat dont la mâle assurance emplissait l'espace quelques minutes auparavant semble prostré, plongé dans un état de totale hébétude.
Après un temps interminable, il montre enfin quelques signes de vie et, semblant émerger peu à peu de sa soudaine léthargie, il nous assène cette analyse définitive : « *Écoutez, moi l'important c'est que je gagne. Donc on va faire comme d'habitude, une lettre de candidature diffusée par Adrexo, cinq-six réunions publiques bien ciblées et voilà ! Jusque-là, ça ne m'a pas trop mal réussi, non ?* ».
Que croyez-vous qu'il arriva ? Le dimanche 29 mars au soir, la défaite fut cinglante, avec 2400 voix de moins que son adversaire sur 14 500 suffrages exprimés, soit plus de 10 points de différence ! Et pourtant, au niveau départemental, ce canton était au nombre des circonscriptions réputées « imperdables ». Cet exemple illustre parfaitement la situation dans laquelle l'entêtement d'un candidat (candidature de trop et pour de mauvaises raisons, techniques de campagnes éculées, surdité aux conseils émanant de son entourage et de professionnels de la communication politique…) fait à lui seul perdre son camp.

« L'entretien cash » se termine toujours par une évaluation bipartite du candidat et des facteurs clés du succès de l'opération. Il s'agit là d'une étape cruciale en ce qu'elle détermine si la collaboration va pouvoir s'amorcer ou si nous déclinerons l'offre de mission. Quelques jours avant la rencontre, nous avons fait parvenir au candidat une double grille d'évaluation consacrée d'une part au contexte électoral – au sens large – dans lequel s'inscrit sa candidature (historique politique territorial, image de son parti sur son secteur, ancrage personnel du candidat, bilan de son action politique, syndicale ou associative...), et d'autre part à l'état des ressources humaines dont il dispose (charisme et pugnacité, consistance des équipes de volontaires et degré de motivation et d'organisation de ces dernières, enracinement socio-économique du candidat et aptitude à mobiliser un réseau de donateurs...). A la fin de « l'entretien cash », nous procédons donc à une lecture mutuelle de ses grilles. Pourquoi mutuelle ? Tout simplement parce que nous l'avons également remplie de notre côté en appelant deux ou trois proches vers lesquels le candidat nous a orientés, le fruit de ces échanges étant complété par des données électorales accessibles à tous. Cet outil s'avère redoutablement efficace car, s'il est rempli de manière objective et sincère, il permet de profiler la feuille de route à tenir pendant la campagne mais aussi, et préalablement, de décider collectivement de l'opportunité de la candidature. A l'issue de ce partage le candidat est en mesure d'évaluer s'il a réellement les moyens de gagner le combat, si son objectif doit être de se lancer dans l'aventure avant tout pour se placer en vue d'une élection future, ou si le chemin à parcourir est décidément trop important au regard du temps et des forces dont il dispose. Il lui faut alors affronter l'idée d'abandonner un projet qui lui tient probablement à cœur mais qui, en l'état, ne présente pas suffisamment de consistance pour être viable. Dans tous les cas, le candidat sort de cet échange avec les idées claires, déçu, « remonté comme une pendule » ou ployant sous le poids de la charge qui l'attend. Mais nous estimons lui devoir cette objectivité qui, dans tous les cas, lui permettra de se projeter dans les semaines à venir dans les meilleures conditions possibles et d'éviter certains désagréments.

PERIPETIES DE CAMPAGNE

Une fois l'étape de l'entretien passée avec succès, débute un moment fort de notre collaboration : la mise en place de la stratégie de campagne et l'affectation des ressources humaines du candidat. Lors de nos premières années d'exercice, nous avions tendance, péché de jeunesse, à faire preuve d'un excès d'enthousiasme et à voir les choses en grand, nous figurant naïvement que plus le territoire à conquérir était grand, plus le candidat était entouré. Il nous fallut vite nous rendre à l'évidence et constater que, de manière quasi systématique, au moins sur des élections « de proximité », plus le territoire était vaste... et plus le candidat était seul, ou presque. Allez comprendre pourquoi... Cela demeure à ce jour pour nous un des grands mystères de la vie politique et partisane française.

L'année 2012, si elle fut marquée par l'élection présidentielle qui vit François Hollande devenir le 7e président de notre Ve République (si on omet les deux intérims d'Alain Poher), nous offrit l'opportunité d'accompagner quelques candidats lors des législatives qui conclurent cette séquence électorale. C'est ainsi que nous suivions notamment un candidat dont l'équipe de campagne s'annonçait pléthorique. Enfin, cela c'était quelques mois avant le scrutin. C'était faire peu de cas des manœuvres, trahisons entre « amis » et accords « indéfectibles » passés entre partis « frères », les guillemets valant ici leur pesant d'intrigues et de coups bas. L'homme était pourtant aguerri aux joutes politiques et pouvait s'enorgueillir d'avoir mené à plusieurs reprises des campagnes victorieuses pour le compte d'autres candidats de son camp. C'est d'ailleurs à l'occasion d'une campagne législative que nous l'avions rencontré et tissé rapidement une réelle complicité. Si bien qu'il lui avait paru naturel, lorsque la décision de présenter sa candidature s'était imposée à lui, de requérir nos services.

Fin novembre (soit 7 mois avant les élections) nous sommes une bonne douzaine à esquisser, autour d'une table, les contours de la campagne à venir et à en poser les premiers jalons : réflexions sur le slogan de campagne, sur la manière la plus pertinente de capitaliser sur son image de jeune quarantenaire urbain à l'écoute du tissu associatif de son arrondissement, sur la conception des différents supports (l'idée de concevoir une bande dessinée est evoquée) qui permettront de déclencher et d'alimenter le buzz, affirmation de notre volonté commune de positionner résolument les réseaux communautaires au cœur de sa dynamique de campagne... L'heure est à l'enthousiasme général, les idées fusent de toutes parts et la motivation de chacun est au plus haut. 6 mois plus tard, pourtant, le tableau s'est sensiblement obscurci à la faveur des manigances et trahisons diverses (dont la plus douloureuse est certainement celle du père spirituel du candidat en politique), si bien que nous ne sommes plus que... trois pour affronter la dernière semaine, là où la douzaine de volontaires de la première heure aurait dû essaimer pour former une troupe d'une cinquantaine de militants actifs appuyée par une centaine de sympathisants pour les opérations massives. Pourtant, la stratégie de campagne avait été construite pas à pas, chaque semaine étant ponctuée par l'organisation d'un évènement, en lien ou non avec le précédent, mais toujours avec la volonté de donner du sens à la campagne. Quelle leçon tirer de cette expérience ? Se contenter de constater avec fatalisme que l'on ne peut rien prévoir et que la politique est un jeu subtil dont certaines règles nous échapperont toujours n'est pas satisfaisant. Tout au moins cela doit-il nous inciter à l'humilité et à explorer sans relâche d'autres pistes car si un tableur construit et nourri avec rigueur est un outil indispensable, si une check-list validée point par point est un atout appréciable, ils ne garantissent pas le succès. Le dénouement de l'histoire était hélas prévisible : le candidat se trouva gratifié au premier tour d'un score calamiteux : 4,67 % ! Et qui retrouva-t-on à son QG de campagne, au soir de sa cuisante défaite, pour le consoler et philosopher sur la cruauté de la vie politique ? Ceux-là même qui avaient déserté le navire quelques mois plus tôt !

UN CANDIDAT HORS NORMES

Septembre 2008. C'est par un mercredi pluvieux que nous rencontrons un futur candidat, pour l'heure chargé de mission dans un conseil régional dans l'Est de la France. Osons le dire, l'homme ne paie pas de mine. Accoutré de façon curieuse, les cheveux courts lissés à l'excès, un bon mètre quatre-vingt-dix sous la toise dont il ne sait que faire, une tendance certaine à la paranoïa le pousse à jeter en permanence des regards inquiets ou suspicieux autour de lui tandis que son débit précipité rend son discours difficilement compréhensible.

A première vue, le tableau n'est donc guère encourageant. Il nous est adressé par un sénateur de ses amis, pour lequel l'un d'entre nous a déjà eu l'occasion de travailler. L'homme semble littéralement fasciné par notre expérience américaine auprès des volontaires démocrates de la campagne de Barack Obama. Ces six mois passés à décortiquer les stratégies de communication et de marketing des troupes d'Obama semblent faire sur lui très forte impression et lui donner des idées. Soit. Malgré tout ce qui « cloche » chez lui au premier abord, nous sommes favorablement impressionnés par son tempérament volontaire et la farouche détermination qu'il affiche. Nous pressentons que, bien coaché, il peut faire un bout de chemin tout à fait intéressant.

La suite allait nous donner raison puisqu'il est aujourd'hui député et a été élu l'an passé pour un deuxième mandat de maire... dont il a choisi de démissionner pour embrasser celui d'édile d'une future agglomération, projet pour lequel il s'est attelé à la fusion de 5 communes dans les années qui arrivent. Connaissant sa pugnacité, nous ne doutons pas qu'il parvienne à ses fins. Mais revenons un instant à cette première rencontre. A la fin de l'entretien, il nous confie : « *moi ce dont j'ai besoin, c'est qu'on élabore ensemble, semaine après semaine, les six mois qui arrivent et durant lesquels, pour quatre d'entre eux je vais me mettre en disponibilité. J'attends de vous que vous conceviez pour moi une ligne graphique résolument originale, mais sur des documents de grande taille et en gros caractères pour que les personnes âgées puissent les lire. Je veux également que vous m'appeliez systématiquement chaque matin afin que je me lève et que j'aille faire du porte-à-porte : je veux, en six mois, avoir frappé au moins deux fois personnellement à toutes les portes de ma commune !* » Tout le caractère et la pugnacité exceptionnelle de l'homme sont résumés dans ces propos. Parmi tous ceux qu'il nous a été donné de rencontrer à ce jour, il est l'un des rares qui ait réuni à nos yeux les quatre qualités évoquées plus haut : courage, sens de l'organisation, audace et conviction. Ce qui tend à démontrer une fois de plus, s'il en était besoin, que l'habit ne fait pas le moine !

Questions récurrentes

Le porte-à-porte, martingale du marketing politique en ce début de 21e siècle ?

Depuis 2012, sans doute boostés par la campagne de François Hollande qui en avait fait un de ses chevaux de bataille, essais et études abondamment documentés fleurissent sur le sujet. Notre réponse est plus nuancée : le porte-à-porte, oui, mais pas n'importe comment.

Les citoyens français seraient aujourd'hui 59% à ne plus faire confiance ni à la droite ni à la gauche pour gouverner le pays (source : sondage opinionway de février 2015. Pire encore, depuis les attentats déjoués du Thalys, 54% d'entre eux, c'est-à-dire d'entre nous, font davantage confiance au citoyen qu'au politique pour régler des problèmes de sécurité, ce qui est un comble s'agissant d'une fonction régalienne de l'État ! Quand on sait par ailleurs que les taux d'abstention ont atteint des sommets à l'occasion des derniers scrutins, on peut, sans trop se tromper, se risquer à quelques analyses et tirer quelques conclusions, peut-être lapidaires, mais assez justes. Nous l'avons d'ailleurs déjà fait dans les chapitres précédents. D'abord, le désamour entre politiques et citoyens, toutes convictions confondues, est consommé. Il suffit d'écouter les gens dans la rue ou de lire les commentaires postés sur les réseaux sociaux et autres forums pour s'en convaincre. Les politiques n'ont plus la cote. Si l'on creuse un peu pour savoir ce qui se cache derrière ce désamour, on observe une méfiance, ou plutôt une défiance grandissante envers ces élus d'une république qui se veut irréprochable mais qui s'arrangent entre eux dès qu'il est question de leurs avantages et tirent de façon éhontée profit de privilèges d'un autre temps (IRFM, prêts bonifiés, cumul de mandats et des avantages qui y sont attachés, régime fiscal très avantageux...). La conséquence est que la plupart des élus de base, dévoués corps et âme à leur collectivité et non cumulards, finissent par baisser les bras et céder au découragement à force de se retrouver injustement associés aux profiteurs dans ce rejet massif de l'ensemble de la classe politique par l'opinion publique cristallisé dans le fameux « Tous pourris ! ».

Tous ces mécontentements, toutes ces déceptions, ces frustrations, ces colères menacent aujourd'hui notre système démocratique. Lorsque l'on ne croit plus en rien, on est prêt à tout, notamment à se jeter dans les bras des extrêmes, « pour essayer autre chose », « parce que ça ne peut pas être pire » ou encore « pour donner une bonne leçon à tous ces pourris ». C'est là que la (re) prise de contact avec l'électeur prend tout son sens et s'avère aussi importante qu'elle est délicate à mener. L'idée à transmettre est que c'est le citoyen qui est au cœur de la campagne, et que c'est au candidat d'aller à sa rencontre.

C'est dans cet esprit et en toute conscience des enjeux que nous incitons les militants à tirer sur les sonnettes une à une, mais pas n'importe comment. Une des premières règles que nous martelons aux candidats, c'est qu'une opération de porte-à-porte efficace ne peut se concevoir que sur la durée. Quelques sorties ponctuelles ne seront pas suffisantes pour obtenir l'effet escompté. Ça prend du temps, ça mobilise de l'énergie... et quelques personnes, mais le jeu en vaut la chandelle.
Pour autant, il ne faut pas se disperser non plus. Un travail en amont est nécessaire. Il s'agit de collecter les résultats électo-

raux passés pour évaluer le nombre d'abstentionnistes attendu dans son propre camp qu'il va falloir mobiliser, et le nombre d'indécis parmi lesquels on peut espérer gagner des électeurs. Les résultats des élections précédentes seront utiles pour identifier les bureaux de vote qui comptent la plus forte proportion d'abstentionnistes. Il faut néanmoins avoir à l'esprit que, dans certains territoires, les déterminants sociodémographiques ou historiques sont trop forts pour être effacés ou inversés en l'espace de quelques mois.

Une fois sur le terrain, il s'agit d'expliquer avec des mots simples, des mots de tous les jours, à des gens qui ont perdu la foi en la politique ou qui ont baissé les bras parce qu'ils jugent tout cela trop compliqué pour eux, quels sont les enjeux du prochain scrutin, c'est-à-dire à quoi va servir, concrètement, l'élection à venir et en quoi elle va avoir une influence sur leur vie. Et donc pourquoi il est important qu'ils aillent voter. Et à ce petit jeu, les convictions (et la capacité à les faire partager) l'emportent largement sur la connaissance pointue des dossiers. Plutôt que des argumentaires tout faits, préparés à l'avance et débités mécaniquement pour aborder telle ou telle thématique, il est préférable de jouer la carte de l'expérience personnelle en parlant de ses propres convictions, de l'origine de son engagement politique. Il faut privilégier le « je » et faire appel, chaque fois que c'est possible, à des exemples concrets qui vont permettre à l'interlocuteur de s'identifier aux situations décrites. Il est important de bannir les clichés et les termes trop généraux ou trop abstraits qui sonnent creux. Le succès de l'opération repose sur la capacité du candidat à se livrer de façon naturelle et sincère dans une discussion spontanée.

Qu'ils soient déjà en place et soutenus par un parti fortement implanté ou de parfaits inconnus en quête d'un premier mandat, tous les candidats ont quelque chose à gagner dans une campagne de porte-à-porte. Les premiers parce qu'ils ont ainsi l'occasion de renouer avec un électorat dont ils se sont la plupart du temps éloignés, pour les raisons exposées plus haut, les autres parce qu'ils ont là un excellent moyen de se faire connaître de la population, à peu de frais, et d'engranger en vue des échéances futures si celle-ci n'est pas couronnée de succès.

Et une fois l'élection passée, qu'elle ait été couronnée de succès… ou pas, l'élu comme le candidat malheureux ont tout intérêt à continuer de labourer sans relâche le terreau de leur circonscription pour le fertiliser au gré des rencontres, des échanges, des reproches et des propositions.

LES REUNIONS PUBLIQUES SONT-ELLES NECESSAIRES ?

Cette question nous est posée systématiquement, ce qui n'a en soi rien d'insolite quand on connaît la tradition politique française. La suite est en revanche beaucoup plus intéressante. En effet, quelle que soit la réponse que nous apportons, le néo-candidat a déjà la sienne : il est déjà convaincu, soit de l'intérêt qu'il y a à en tenir un peu partout sur l'ensemble de la circonscription, soit au contraire de l'inutilité de la démarche. Dans ce dernier cas, il adoucit généralement son propos péremptoire en nous (se ?) persuadant de la nécessité d'organiser des réunions publiques, non pour ses électeurs potentiels mais pour ses sympathisants ! Ce qui tend à démontrer une fois de plus que nombre de candidats évoluent dans un monde artificiel fait de dogmes et de croyances forgés à une autre époque, négligeant de prendre en compte les attentes de l'électeur dont les besoins évoluent et qui a un besoin vital, sous peine de ne jamais plus retourner voter, d'être considéré comme un électeur de 2015. Il y a là un étrange paradoxe : pourquoi les candidats qui, lorsqu'ils sont consommateurs, se lassent d'un média ou d'une publicité au bout de quelques semaines voire quelques jours, n'arrivent-ils pas à entendre qu'en ce qui les concerne (dit crûment, pour ce qu'ils ont à vendre), les électeurs attendent d'eux une démarche marketing au goût du jour. C'est aussi et sans doute même avant tout une marque de respect.

Forts de ce constat, nous nous efforçons d'être pragmatiques dans notre offre de services. Ce sont les paramètres propres à l'élection concernée (analyse des pratiques des concurrents, aisance du candidat en matière de prise de parole…) qui vont dicter notre décision de proposer ou non au candidat d'organiser des réunions publiques. Ce qui est immuable en revanche, c'est notre manière de travailler et notre intransigeance : si réunions il doit y avoir, elles doivent impérativement être préparées minutieusement en amont, articulées les unes avec les autres et consacrées à des thématiques variées. La prise de parole du candidat – ou des candidats s'il y a lieu – sera dynamique (pas de candidat prenant racine derrière un micro ou un pupitre), il sera proche du public et accessible. Les réunions doivent s'insérer harmonieusement dans la logique globale de la campagne et servir le positionnement du candidat.

A QUOI SERT UNE REUNION D'APPARTEMENT TYPE « TUPPERWARE » ET CONSTITUE-T-ELLE UN MOYEN EFFICACE DE SE PRESENTER ET DE FIDELISER UN ELECTORAT ?

Sans hésiter, la réponse est oui. Pourquoi ? Parce que c'est un temps d'échange direct et convivial autour de sujets ancrés dans le quotidien des participants. Et beaucoup plus prosaïquement, parce qu'alors q'une personne sur 100 000 change d'avis après la lecture d'un tract du candidat, 1 personne sur 6 (c'est considérable !) se déclare prête à voter pour lui à l'issue d'une telle réunion. L'outil est donc d'une efficacité redoutable. A condition, une fois encore, de l'intégrer dans une stratégie globale, c'est-à-dire de planifier ces réunions, les organiser et, surtout, les exploiter a posteriori (debriefing) car elles sont riches d'enseignements. De la définition des thématiques abordées au choix des hôtes, en passant par la rédaction des invitations, tout doit être parfaitement rodé et orchestré, notamment le respect de la durée initialement prévue (pas plus de 45 minutes).

Ce souci apporté au moindre détail conduit régulièrement les candidats, lorsque nous abordons le sujet de l'organisation et de l'évaluation des réunions d'appartement, à nous demander sur le ton de la boutade si nous n'avons pas le cerveau conçu comme une base access. Comme si la mise en place de tels modes opératoires, qui relèveraient de l'évidence dans un cadre professionnel classique, devenait soudain incongrue sur le terrain politique ! Pourquoi devrions-nous mener une campagne électorale sans boussole ni pendule alors que nous passons notre temps, quotidiennement, à analyser, anticiper, évaluer, soupeser avant de prendre une décision ? Pourquoi la politique devrait-elle être traitée différemment ? C'est parce que nous sommes intimement persuadés du contraire que Plebiscit existe !

« FAITES-MOI DONC UNE PAGE FACEBOOK, ON NE SAIT JAMAIS, ÇA POURRAIT RAJEUNIR MON IMAGE ET ME RAMENER QUELQUES ELECTEURS ! »

C'est ainsi que débutent parfois les discussions sur la pertinence de l'utilisation des réseaux sociaux dans une campagne électorale. S'il serait absurde de prétendre que les campagnes se font (et se défont !) depuis quelques années principalement sur les réseaux sociaux, il serait tout aussi stupide et léger de ne pas reconnaître leur rôle émergent dans le débat public, ainsi que l'influence croissante qu'ils peuvent y exercer, que l'on s'en réjouisse ou qu'on le déplore. En clair, si les réseaux sociaux ne sont en aucun cas la panacée, ils ont prouvé leur légitimité en tant qu'instruments de communication, en ce qu'ils créent du lien, ce qui est essentiel pour permettre au candidat de rester en prise avec le quotidien.

Facebook, Twitter ou même Instagram ont de multiples facettes : nouveaux supports de communication pour les politiques, ce sont aussi des lieux d'échanges et de regroupement pour les militants, et, plus globalement, des vitrines qu'il faut rendre attractives par une gestion pointue pour séduire et convaincre un électorat toujours plus réticent et méfiant en engageant la conversation avec lui. Pour ce dernier objectif, ce sont les journalistes qui servent le plus souvent de relais médiatique, d'où l'intérêt de s'adresser à eux.

Les réseaux sociaux permettent en effet de toucher ce que l'on appelle des «influenceurs», c'est-à-dire une population connectée qui, si elle est convaincue, répercutera à son tour le message du candidat sur ses réseaux. A ce titre, Twitter est un outil fédérateur très performant.

Mais malgré le caractère novateur du procédé, la politique en elle-même n'a pas changé (l'élection demeurera toujours la rencontre entre un candidat et le citoyen-électeur) ; simplement, la manière de conduire une campagne s'est ouverte à d'autres vecteurs en se prolongeant bien au-delà des traditionnels tractages sur les marchés dominicaux, des séances de serrage de mains et autres expéditions nocturnes de collage d'affiches.

Il est encore délicat de quantifier précisément l'apport de ces nouveaux médias en termes de suffrages, mais une chose est certaine, ils présentent au moins deux intérêts incontestables et non négligeables : celui de galvaniser les équipes de campagne autour du candidat et celui de leur permettre de disposer d'une force de réaction rapide en cas de coup dur (dérapage incontrôlé, information gênante inopportunément dévoilée, coup bas du camp adverse...). Comme pour les autres outils et techniques que nous mettons en œuvre, nous veillons à leur harmonie visuelle avec les autres supports que l'on qualifiera de « supports historiques » (affiches, profession de foi, programme, lettre de candidature...).

3

REPONDRE AU DEFI DE L'ABSTENTION

Comprendre les racines de l'abstention

Notre démocratie, à force de ronronner et de tourner en rond (et à vide, la plupart du temps !), est en train de s'étioler doucement. Il nous apparaît donc urgent de la réveiller.

Pour atteindre cet objectif, il faut agir sur plusieurs leviers car les abstentionnistes ne constituent pas un bloc homogène, ni d'un point de vue sociologique, ni d'un point de vue politique.

COMMENT RAMENER LES CITOYENS AUX URNES ?

On l'a dit et redit tout au long de cet ouvrage, l'abstention augmente au fil des élections, comme un cancer pernicieux qui rongerait peu à peu notre démocratie. Hormis le cas particulier de l'élection présidentielle, qui semble conserver encore (mais pour combien de temps ?) un certain intérêt pour les citoyens, les scrutins nationaux et européens connaissent un vrai recul de la participation. Il suffit pour s'en convaincre d'observer ce qui s'est passé lors des dernières élections municipales de 2014 : jamais les Français ne s'étaient aussi peu mobilisés pour élire le premier magistrat de leur commune (36% d'abstentionnistes), c'est-à-dire le premier maillon de notre édifice démocratique, celui dont la proximité avec le citoyen est la plus grande et qui reste pourtant, les enquêtes d'opinion le disent, l'élu préféré des Français. Il y a là un paradoxe qui devrait susciter la réflexion. Car enfin, d'un côté les citoyens déclarent être attachés à la démocratie locale et à la vie de leur cité, et de l'autre, beaucoup d'entre eux se désintéressent de l'élection qui va désigner l'équipe qui en sera en charge !

Il semble donc nécessaire de travailler sur les causes profondes de l'abstention, et notamment sur l'absence de motivation qui retient les électeurs de se rendre aux urnes, pour que notre pays ne soit plus une « démocratie de l'abstention »[6] dans laquelle les non-votants tendent à devenir aussi nombreux que les votants. Ne parlons même pas des élections européennes qui voient, scrutin après scrutin, la démobilisation électorale devenir la règle. Notons simplement que, depuis leur mise en place en 1979, les élections européennes ont vu leur taux de participation chuter de vingt points !

Qu'en est-il dans ces conditions de notre système de démocratie représentative et quelle légitimité peuvent revendiquer nos élus dans ces conditions ? C'est toute la crédibilité de l'édifice démocratique qui est ébranlée quand un nombre sans cesse croissant d'électeurs se détourne des urnes. Cette attitude à l'égard d'une procédure jugée inutile est la conséquence d'une forte désillusion de la population à l'égard, non de la politique elle-même, mais de la manière dont l'exercent ceux qui la confisquent depuis des décennies. La base électorale ne se reconnaît plus en ses représentants.

6 - BRACONNIER Céline et DORMAGEN Jean-Yves, « Une démocratie de l'abstention. Retour sur le non-vote et ses conséquences politiques lors des scrutins municipaux et européens de 2014 », Hérodote 2014 / 2013, n°154, p.42-58.

Les travaux menés par les chercheurs en science politique Céline Braconnier et Jean-Yves Dormagen en 2012 tendent à montrer que les territoires populaires situés à la périphérie des grandes villes sont particulièrement touchés par ce déclin de la participation puisqu'on y a relevé, par exemple, une abstention supérieure de dix points à la moyenne nationale pour la dernière présidentielle, pourtant le scrutin le plus mobilisateur. Cette abstention nous dit quelque chose sur l'indifférence, le scepticisme et le désenchantement de ceux qui habitent ces territoires. Ils considèrent que l'issue du scrutin n'aura aucune influence sur leurs conditions de vie. Pour d'autres, la politique est devenue trop complexe, les enjeux illisibles et, pour tout dire, de plus en plus éloignés des préoccupations « basiques » qui sont les leurs. Pour tous, la politique « politicienne » est de toute façon décevante, à tel point qu'ils n'en attendent plus rien. Dès lors, pourquoi voter ? En réalité, seule « la minorité composée des individus les mieux insérés [...], les plus diplômés, les plus âgés et les plus portés par le sens du devoir civique continue à se déplacer vers les urnes »[7].

REFORMER UN SYSTEME ELECTORAL INADAPTE QUI FAVORISE LES EXCLUSIONS

A côté de ces raisons de fond qui gangrènent petit à petit notre démocratie, on peut penser que des éléments d'ordre technique jouent aussi un rôle non négligeable dans l'augmentation constante de l'abstention. Il est probable que notre système de représentativité doit être revu, et surtout que les conditions d'accès au vote doivent être repensées. Pourquoi ? Revenons à l'abstention telle qu'elle s'exprime en chiffres et pourcentages au soir de chaque élection. Que nous disent ces valeurs ? Elles expriment la différence entre le nombre d'inscrits sur les listes électorales et le nombre de votants. Mais la part des citoyens non-inscrits sur les listes, qui n'est donc pas prise en compte dans ces chiffres, est pourtant loin d'être négligeable et doit être intégrée à toute analyse sérieuse du désintérêt de la population pour la politique.

7 - SUBILEAU Françoise, Les facteurs de l'abstention. Cevipof, FNSP, Paris, 1992, multigraphié.

Actuellement, 7% des Français en âge de voter ne sont pas inscrits sur les listes électorales, ce qui représente tout de même plus de 4 millions de personnes qui ne sont jamais comptabilisées dans les résultats ! Si l'on ajoute ce chiffre à celui de l'abstention, on est en droit de s'interroger sur la légitimité réelle des succès électoraux obtenus dans ces conditions.

Il semble dès lors raisonnable de penser que le système en vigueur est sans doute trop contraignant ou trop complexe puisqu'il n'incite pas les moins motivés à voter ni à entamer les démarches nécessaires à leur inscription sur les listes électorales. Nos procédures électorales ne sont plus adaptées à notre société où la mobilité est devenue la règle : pour des raisons économiques (la recherche d'un travail), pour suivre des études, pour changer de cadre de vie... La sédentarité sur le long terme devient de plus en plus l'exception. La rigidité des procédures (nécessité d'entamer une nouvelle procédure d'inscription à chaque déménagement) n'est plus compatible avec cette évolution ; elle est génératrice d'exclusion électorale. Car à côté des non-inscrits, on trouve aussi ceux que l'on appelle les mal inscrits et qui représentent 15% des citoyens figurant sur les listes électorales ! De quoi s'agit-il ? Ce sont toutes les personnes inscrites dans un bureau de vote qui, après un déménagement, ne correspond plus à leur lieu de résidence effectif. Ce phénomène assez largement répandu favorise indéniablement l'abstention constante (il y a peu de chances que ces personnes retournent voter dans leur ancien bureau). Et ce sont les plus mobiles, c'est-à-dire souvent les jeunes, qui sont pénalisés par la lourdeur du système.

Dès lors, si l'on considère les non-inscrits et les mal inscrits, on comprend bien que l'écart qui se creuse entre le corps électoral effectif et le corps électoral potentiel est plus que préoccupant pour la santé de notre démocratie puisque nos élus ne sont, au bout du compte, que les représentants d'une partie de la population constituée principalement de citoyens âgés, de diplômés et de personnes disposant d'une situation professionnelle stable. Une frange importante de la population se retrouve donc exclue du processus électoral.

Le gouvernement semble avoir pris la mesure du problème et envisage sérieusement d'assouplir la règle exigeant que l'on s'inscrive sur les listes électorales avant le 31 décembre de l'année en cours pour pouvoir participer aux scrutins de l'année suivante. Il est vrai que l'exécutif, pour endiguer la vague abstentionniste annoncée pour les prochaines élections régionales, avait déjà autorisé exceptionnellement les citoyens non encore inscrits ou mal inscrits à effectuer cette démarche jusqu'au 30 septembre. Mais le projet actuellement à l'étude va encore plus loin puisqu'il prévoit d'autoriser les Français à s'inscrire sur les listes électorales jusqu'à quatre semaines avant une élection. Quid alors de la mise à jour des listes électorales au niveau des mairies avec des délais raccourcis de manière aussi drastique ? Le gouvernement a prévu la parade en chargeant l'Insee de mettre en place un répertoire des électeurs au niveau national. Vaste entreprise, s'agissant d'un fichier de plus de 44 millions d'électeurs, mais tout est question de volonté politique et de moyens. A terme, cette mesure permettrait aux électeurs qui changent d'adresse de le faire savoir simplement par Internet et donc d'avoir enfin des listes électorales à peu près à jour. On ne peut que s'en réjouir.

VAINCRE LE SENTIMENT D'INCOMPETENCE POLITIQUE

Lorsque l'on interroge les Français sur les raisons de ce désintérêt croissant pour la politique, on constate qu'outre la déception, et dans certains cas le dégoût, que leur inspirent les politiques de tous bords, ils ne trouvent pas leur compte dans les discours tenus par les élus. Trop complexes, trop éloignés de leurs préoccupations quotidiennes, ils n'y comprennent souvent pas grand-chose. C'est le rapport des gens ordinaires à la politique qui est ici en cause. Par gens ordinaires, il faut entendre ceux pour qui la politique ne fait pas partie de la formation ou du métier et qui n'ont donc pas de prédispositions à développer des compétences politiques. Le sentiment d'incompétence qu'ils éprouvent se mue peu à peu en un désintérêt pour la chose politique et en une difficulté à s'approprier les codes de la sphère politique. « Avec leurs grands mots, ils cherchent à nous embrouiller », entend-on régulièrement. Pour beaucoup de citoyens, ce sentiment d'incompétence les fait

3 - BARBET Denis, « Quand les mots de l'abstention parlent des maux de la démocratie », Mots. Les langages du politique, 2007, n°83, p. 53-67.

se sentir illégitimes à prendre part à l'action politique et les conduit à rejeter un système politique dont ils se sentent exclus et dont ils considèrent qu'il n'a rien à leur apporter.

PRENDRE LA MESURE DE L'ABSTENTION EN TANT QU'ACTE POLITIQUE

Nous avons jusqu'ici abordé la problématique de l'abstention sous l'angle tantôt de l'indifférence, tantôt d'un malaise à l'égard de sa propre compétence politique, mais il existe aussi une abstention qui relève d'un acte politique à part entière. Le travail de Denis Barbet[8] fondé sur une approche lexicale de l'abstention, notamment dans les discours politiques et dans la presse, nous permet de mieux comprendre comment le fait de ne pas se rendre aux urnes a peu à peu pris un sens différent : « étudier l'expression permet d'accéder aux représentations sociales du vote et de son « négatif » ». L'auteur s'est intéressé aux définitions de l'abstention de 1866 à 1960 dans les dictionnaires Larousse, puis à celle de 1982 : on passe des termes de renonciation, de négligence, d'égoïsme et de condamnation, à « non-participation, volontaire ou non ». Il y a quelques décennies de cela, s'abstenir de voter c'était refuser l'un de ses devoirs civiques et risquer de subir l'opprobre de toute la société. C'était le temps de l'abstention-inaction par opposition à l'activité positive du vote. D'ailleurs, jusque dans les années quatre-vingt, les campagnes qui appelaient les citoyens à aller voter présentaient l'abstention comme une faute grave, un manque de civisme. S'abstenir, c'est se tenir éloigné, en périphérie par rapport à ceux qui votent, qui sont proches du centre et de la sphère politique. Cette culpabilisation très forte du citoyen s'est aujourd'hui apaisée, même si elle peut resurgir dans le discours des politiques précédant l'élection.

Depuis quelques années, face à l'ampleur du phénomène abstentionniste, la tendance est plutôt à essayer de « comprendre davantage l'abstentionniste, à lui donner la parole et à attribuer

8 - BARBET Denis, « Quand les mots de l'abstention parlent des maux de la démocratie », Mots. Les langages du politique, 2007, n°83, p. 53-67.

une partie des torts aux politiciens »[9]. Cette évolution n'est pas anodine. Elle traduit l'idée que l'abstention peut être interprétée comme une manière d'exprimer quelque chose. Elle est même érigée en action positive et partisane lorsque ce sont les politiciens eux-mêmes qui appellent à ne pas aller voter au deuxième tour (c'est par exemple le «ni-ni » de l'UMP face à un affrontement entre un candidat de gauche et un autre du Front national). Et cette idée de « l'abstention-action » gagne du terrain de nos jours.

Par ailleurs, selon Anne Muxel « la réponse électorale de l'abstention ne peut être seulement considérée de façon négative, ou comme le signe d'un déficit démocratique. Parce qu'elle donne la possibilité d'un écart à la norme civique, parce qu'elle pèse de fait sur le jeu politique, parce qu'elle oblige les candidats comme les forces politiques à considérer la part d'indifférence comme la part de mécontentement qu'elle exprime, elle est au fondement même du pacte démocratique »[10]. En clair, il faut prendre en compte le fait qu'il y a des abstentionnistes qui réfutent simplement l'idée du vote, qui agissent en ne votant pas, tout comme il y a des citoyens qui se désintéressent du jeu politique parce qu'ils n'y trouvent pas leur place. L'abstention peut être, dans certains cas, une nouvelle forme d'expression politique pour des électeurs issus d'un environnement traditionnellement votant mais désormais sceptiques et qui choisissent de profiter de leur droit de ne pas voter.

Il n'y a donc pas une mais des abstentions et les réponses qu'il faut y apporter pour ramener les citoyens aux urnes ne peuvent être univoques. Chaque citoyen ne met pas la même signification derrière sa participation ou sa non-participation à une élection. L'enjeu est donc complexe et multiple : il s'agit, d'une part, d'aboutir à un nouveau procédé dans notre approche des campagnes électorales pour appeler les abstentionnistes « désintéressés » à s'exprimer, mais aussi de mieux entendre les abstentionnistes actifs qui sont à l'origine d'un nouveau type de comportement et de modèle de citoyenneté.

9 - *Ibid.*
10 - MUXEL Anne, « *L'abstention : déficit démocratique ou vitalité politique ?* », *Pouvoirs*, 2007, n°120, p.43-55.

RECREDIBILISER LA PAROLE DES POLITIQUES

Notre système démocratique actuel souffre de la perte de crédibilité de ses dirigeants. La multiplication des « affaires » (Cahuzac, Thevenoud, MAM, Balkany...) a contribué à forger une image peu flatteuse de ceux qui exercent le pouvoir, au même titre que les promesses de campagne non tenues ou les révélations par la presse people ou les réseaux sociaux sur la vie privée de certains de ces hauts personnages. La fracture entre citoyens et élus est aujourd'hui ouverte. Il est donc urgent que les politiques et leurs équipes entreprennent un travail de fond pour que la parole politique retrouve sa crédibilité. Ce n'est qu'à cette condition que les électeurs retrouveront l'envie d'emprunter le chemin du bureau de vote. Comment faire ? Les pistes à explorer sont nombreuses, qu'il s'agisse de s'inspirer de ce qui se fait à l'étranger, de faire appel à des professionnels issus de disciplines variées ou encore de profiter de la multitude d'opportunités offertes aujourd'hui par les nouvelles technologies. Encore faut-il en faire un usage efficace. Pour cela, il n'est sans doute pas superflu de revenir aux origines de la communication.

Repenser notre façon de communiquer en politique

Si les facteurs qui contribuent à désintéresser les citoyens du jeu politique sont divers et nombreux, les réponses apportées à ce désamour doivent l'être également.

Pour que l'abstention, sous toutes ses formes, cesse enfin de progresser, il est indispensable de renouveler l'offre politique. Pour cela, la classe politique dans son ensemble doit se remettre en question et s'interroger à la fois sur son rapport au citoyen et sur sa manière d'appréhender la chose politique car on ne peut plus aujourd'hui faire de la politique comme il y a vingt ans. Il est donc nécessaire de communiquer autrement.

La communication est consubstantielle à la politique. L'activité politique ne se conçoit pas sans communication. Qui plus est, plus que tout autre régime, la démocratie implique une communication libre et ouverte. Mais la communication doit rester un moyen, celui de mettre en œuvre un certain nombre d'outils, elle ne doit jamais être considérée comme une fin au risque de renforcer l'idée communément partagée d'un message politique fabriqué et creux. Jacques Séguéla l'explique très bien à travers sa métaphore du chanteur : « sans technique le chanteur est muet, mais la sono n'a jamais remplacé le talent »[11]. Le fond doit précéder la forme. La communication politique doit être au service de la pensée, du discours et de l'action, son rôle est de conforter l'idée que celui qui exerce le pouvoir, à quelque niveau que ce soit, est légitime. Mais sans matière, la communication n'est rien d'autre qu'une coquille vide. On ne communique pas pour communiquer. Et c'est d'ailleurs là l'un des reproches qu'adressent aujourd'hui les citoyens à leurs dirigeants, qu'ils jugent plus soucieux de leur image que de leurs idées. Au point que l'on en arrive parfois à se demander ce qui est le plus important pour l'emporter : les qualités de communicant ou les propositions concrètes animées par une conviction sincère ? C'est sans doute aller un peu vite en besogne et faire peu de cas de l'esprit critique des citoyens. S'ils peuvent être sensibles au « packaging », ils n'oublient pas pour autant qu'ils choisissent des représentants qui, demain, prendront en leur nom des décisions qui impacteront leur quotidien. Un bon communicant verra ses chances de l'emporter augmenter parce qu'il saura trouver le ton juste et les mots qui font mouche, mais uniquement si son discours est au service d'un programme solide, dans l'air du temps et dont, en quelque sorte, « l'heure est venue ». La communication, et c'est à la fois son mérite et sa limite, est un accélérateur de victoire pour celui qui sait l'utiliser, tout comme elle peut précipiter la défaite de celui qui n'en fait pas bon usage. C'est une alchimie subtile qui « prend » ou « ne prend pas » selon le moment et les hommes. Si c'est un outil précieux et puissant, ce n'est pas pour autant une science exacte dans la mesure où elle est tributaire pour une part du hasard et des aléas. Elle ne saurait donc en aucun cas constituer l'unique force d'une candidature.

Ceci étant, force est de reconnaître que, malgré ses imperfections, la communication est désormais un élément incontournable du jeu électoral. Malgré cela, elle ne jouit pas encore d'une totale lé-

11 - SEGUELA Jacques, Le Pouvoir dans la peau, Paris, Éditions Plon, 2011, 238 pages.

gitimité, notamment dans sa dimension inspirée du marketing. De quoi s'agit-il ? Le marketing politique est un « ensemble de théories, de méthodes, de techniques et de pratiques sociales, inspirées du marketing commercial et qui sont destinées à persuader les citoyens d'apporter leur soutien à un homme, à un groupe ou à des idées politiques »[12]. En clair, il s'agit d'aider le politique à convaincre l'électeur qu'il est l'homme (ou la femme) de la situation. Et il est vrai que la communication politique s'est fortement enrichie de l'apport du marketing, à la fois sur le plan de l'analyse et de la prise de décision, mais aussi sous l'angle pratique dans l'optimisation des démarches de communication. En marketing politique, on s'attache à penser des plans médias, les choix visuels ne sont plus anodins mais retenus pour leur signification. Dans le même temps, on réalise que rien ne sert d'être partout à la fois, qu'il vaut mieux optimiser les coûts et organiser par exemple des apparitions très ciblées. C'est un outil supplémentaire qui vient enrichir la palette des communicants.

Cette émergence récente des pratiques du marketing dans la sphère politique (notamment électorale) a suscité des réticences. Parmi les reproches les plus fréquents, celui fait aux politiques de se vendre comme une marque (on n'ose dire comme un paquet de lessive) est récurrent. Lors des dernières campagnes présidentielles américaine (songeons au Yes we can, devenu bien plus qu'un slogan de campagne) et française, mais aussi, quoique à une échelle plus modeste, dans la campagne des régionales en cours pour le scrutin de décembre en France, tout se passe comme si chacun empruntait les outils de la marque pour asseoir son identité et développer son propre territoire. A grand renfort de slogans, de choix de couleurs, de champs lexicaux et de hashtags sur Twitter (#AvecCalmels en Aquitaine ou encore #jaichoisiValérie en Ile de France), les candidats cultivent leur omniprésence et s'évertuent à être parfaitement identifiables, instantanément reconnaissables. A l'image du marketing commercial, le marketing politique entend promouvoir un produit (en l'espèce, le candidat) afin que celui-ci plaise aux consommateurs (les électeurs, les citoyens)

12 - DECAUDIN Jean-Marc, via DOSQUET Frédéric, Marketing et communication politique, Paris, Édition EMS, Collection Questions de société, 2012, 292pages.

et se différencie des produits concurrents (les autres candidats). Comment ? En s'attachant à le faire connaître et aimer, dans une stratégie d'optimisation des coûts par rapport aux résultats espérés (suffrages, soutiens...). Ce que Philippe Villemus résume ainsi : « pour optimiser les résultats aux élections, le marketing politique consiste à construire son offre (programme et candidat), compte tenu de la demande (les électeurs), du jeu des autres (les candidats et partis) et des moyens dont on dispose dans un cadre idéologique choisi »[13].

Si ces campagnes pensées comme des publicités produits ont démontré leur efficacité, elles peuvent néanmoins laisser sceptiques quant à leur influence sur le processus démocratique. Il existe en effet deux différences majeures entre une marque commerciale et un candidat. Tout d'abord, dans l'univers politique, c'est le « produit » qui induit sa propre communication et non l'inverse. Mais surtout, si une marque est dans l'obligation juridique et financière de tenir la promesse qu'elle martèle, le candidat pour sa part n'a rien à vendre, à proprement parler, si ce n'est ses convictions. Il se contente d'échanger des idées avec d'autres candidats, idées qui ne sont la propriété de personne mais circulent entre les hommes et sont au cœur du débat et à la source même du concept de démocratie. On voit bien qu'il existe un fossé à la fois rationnel et éthique entre le discours commercial et le discours politique : si ce dernier peut s'inspirer des pratiques et des outils du marketing pour se sublimer, il n'en reste pas moins qu'un homme politique n'est pas une marque. Il est le porteur/passeur d'idées qu'il partage avec d'autres citoyens, citoyens dont il dépend pour porter le plus loin et le plus haut possible ces idées communes.

MAITRISER LES CODES

Si l'homme politique n'est pas une marque, s'inspirer de la communication produit lui permet néanmoins d'enrichir son approche et de se rapprocher des électeurs par leurs modes de consom-

13 - VILLEMUS Philippe, Comment la gauche peut-elle gagner la présidentielle 2012 ?, Eyrolles, 2010.

mation. Comment ? En utilisant des techniques marketings éprouvés pour mieux s'adresser, c'est-à-dire plus efficacement, à des électeurs/consommateurs qui ne montrent aujourd'hui plus guère d'intérêt pour le produit politique. Dit autrement, l'enjeu est de faire à nouveau rêver les citoyens-électeurs, de faire renaître en eux l'espoir qu'il est possible de changer les choses. Si, et c'est heureux, la population vote pour des idées, elle accorde aussi préférentiellement ses suffrages à celui qu'elle estime le plus légitime à incarner les fonctions qu'il brigue. Car l'élection en elle-même ne suffit pas à assurer la légitimité. On perçoit donc tout l'intérêt qu'il y a, pour le candidat, à « construire sa légende », à forger et imposer son image de futur élu comme une évidence dans l'esprit des électeurs. Selon Séguéla, « au-delà des projets, au-delà des idées, au-delà des affrontements, lorsque l'hésitation perdure, je reste convaincu que cette frange décisionnelle de l'électorat, ces 10 à 20% qui repoussent sans cesse leur choix, et parfois jusque dans l'isoloir, se porte en dernier ressort sur le candidat qui les a fait le plus rêver »[14]. A chaque candidat ensuite (ou à ses équipes) d'utiliser au mieux les outils du marketing en fonction de sa personnalité pour cultiver cette part mystique qui fait aujourd'hui tellement défaut aux politiques. De s'imprégner des codes de la communication produit pour valoriser des idées et des propositions riches, concrètes et novatrices.

Pour une utilisation efficace et rationnelle de ces outils, il faut s'interroger sur l'objectif visé : stratégie de notoriété, visant à compenser un déficit d'image ou stratégie de mobilisation.

Dans le premier cas, l'objectif recherché sera de faire connaître au plus grand nombre d'électeurs un homme (ou une femme) politique ou encore un parti en déficit de notoriété pour augmenter ses chances de l'emporter. Sans entrer ici dans des considérations trop techniques, on évaluera dans un premier temps le taux de notoriété du candidat en divisant le nombre de personnes qui citent spontanément leur nom par le nombre total de personnes interrogées. Il faudra ensuite analyser la cible visée, recenser les moyens à disposition pour l'atteindre et définir le contenu de

14 - SEGUELA Jacques, Le Pouvoir dans la peau, Paris, Éditions Plon, 2011, 238 pages.

l'image, du message à diffuser. L'un des principaux écueils à éviter est celui de tomber dans l'omniprésence, qui serait contre-productive. Un autre piège réside dans l'élaboration d'une image qui ne correspondrait pas vraiment au positionnement du candidat ni aux caractéristiques de l'espace géographique ciblé.

Le second cas de figure concerne les campagnes à visée mobilisatrice. Ici, il s'agit essentiellement de candidats déjà connus des électeurs ou d'élus sollicitant un nouveau mandat. L'objectif de la campagne va être de susciter (ou réveiller) l'engouement du socle électoral dans la perspective du futur scrutin. Cette stratégie va s'appuyer sur la mobilisation de terrain pour convaincre les indécis d'aller voter. L'idée est d'impliquer les citoyens dans la campagne en personnalisant le message qui leur est adressé de telle sorte que chacun d'entre eux ait envie de participer à la construction du projet politique autour du candidat. C'est le premier étage de la fusée en quelque sorte. On mise ensuite sur la diffusion plus ou moins consciente par ce premier cercle de son intérêt pour le candidat dans son entourage pour générer de nouvelles actions de vote. On utilise pour cela des badges, des vêtements, des drapeaux aux couleurs du candidat. Les échanges sur les réseaux sociaux s'intègrent aussi dans cette stratégie, de même que la médiatisation en ligne du site internet du candidat. Le candidat et son équipe disposent donc d'une multitude d'outils inspirés des campagnes de marketing produit mais aussi, de plus en plus, du e-marketing.

E-MARKETING POLITIQUE : DEFIS ET OPPORTUNITES[10]

Une fois encore, c'est Barack Obama qui a montré la voie en utilisant les nouvelles technologies sociales lors de ses campagnes. Ses conseillers ont compris tout le potentiel de ces nouveaux comportements pour revitaliser la démocratie. Ainsi, l'interface my.barackobama.com a-t-elle facilité la connexion entre militants et

15 - Voir à ce sujet : HARFOUCHE Antoine, « E-marketing politique : opportunités et défis » in Marketing et communication politique, chapitre 4, Edition EMS. Paris, Collection Questions de société, 2012, p 212-266.

citoyens en permettant à des personnes n'ayant jamais participé à une campagne électorale de s'inscrire en quelques clics en tant que volontaires pour rejoindre l'équipe de campagne du candidat. A l'heure du Web 2.0, ce glissement de la communication politique vers le marketing politique était inéluctable. C'est tout notre modèle sociétal et, à travers lui, nos pratiques démocratiques qui vont en tirer profit dans la mesure où la parole est partagée. Internet est devenu aujourd'hui un média à part entière, à côté des médias « historiques ». Son taux de pénétration dans les foyers français est aujourd'hui massif, à tel point que la classe politique ne peut négliger son extraordinaire potentiel. Les avantages d'Internet sont nombreux : un faible coût par contact, la possibilité de personnaliser les messages selon les groupes ciblés, celle de proposer des contenus interactifs, ou encore celle d'encourager les récepteurs de l'information à la distribuer à d'autres personnes.

Le e-marketing, c'est la combinaison des outils du marketing classique avec la souplesse et la puissance d'Internet. C'est aussi un moyen de toucher de nouvelles cibles et d'acquérir de nouveaux sympathisants. C'est là qu'interviennent les réseaux sociaux et leur effet multiplicateur : les militants et les sympathisants, par leur présence active sur les réseaux sociaux, rallient leur entourage à la cause de leur candidat. Il ne faut pas négliger la puissance de la notion de communauté en ligne : aujourd'hui, on l'a noté à de nombreuses reprises, les citoyens se méfient des politiques et des médias traditionnels et ont tendance à se tourner vers leurs contacts sur les réseaux sociaux pour s'informer... au risque de relayer n'importe quelle « information » et de colporter une rumeur qui se répandra bientôt comme une traînée de poudre. Selon Alastair Campbell[16], éminent spin-doctor britannique, les réseaux sociaux sont l'équivalent de la place du village d'antan où s'échangeaient à la fois ragots et informations. On perçoit dès lors que le média Internet a les inconvénients de ses avantages et doit être manié avec d'infinies précautions sous peine de s'avérer destructeur : la vitesse de diffusion de l'information en ligne est telle que l'image d'un candidat peut, en quelques minutes seulement, se

16 - CAMPBELL Alastair, in SEGUELA Jacques, Le Pouvoir dans la peau, Paris, Éditions Plon, 2011, 238 pages.

retrouver durablement altérée. D'autant qu'Internet n'oublie rien. D'où l'impérieuse nécessité de maîtriser les codes et les rouages du e-marketing pour ne pas commettre de faux-pas et contribuer à renouer les liens entre dirigeants et citoyens… et non l'inverse. Il s'agit d'une tendance lourde, puisque les prochaines générations d'électeurs seront de plus en plus connectées ; les politiques sont donc désormais contraints d'apprendre à maîtriser ces codes sous peine de rompre définitivement le lien avec des électeurs en phase avec leur époque et de céder devant des adversaires plus aguerris à ces techniques.

L'erreur serait toutefois de penser que l'emballage est plus important que le fond, en clair, que la maîtrise du marketing politique dans toutes ses composantes suffirait à « faire passer » un message médiocre et vide de réel contenu ou composé de vieilles recettes passe-partout. C'est bien évidemment faux. L'essence même de la démocratie réside dans la confrontation des idées. C'est le contenu (appelons-le programme ou projet) qui fonde la légitimité de celui qui le porte à solliciter les suffrages de ses concitoyens. Mais cette légitimité n'est jamais acquise, quel que soit le résultat du scrutin. Elle ne peut s'acquérir que sur la durée, à force de travail et d'action. La réflexion doit précéder la communication dans la hiérarchie des priorités. C'est précisément là que le bât blesse souvent chez ces professionnels de la politique dont les Français sont las. Le contenu de leur message, souvent creux et déconnecté des réalités, est sacrifié sur l'autel de la communication tous azimuts, accréditant l'idée que l'on peut faire passer n'importe quoi pourvu que l'emballage soit attrayant. La ficelle est un peu grosse et ne trompe plus guère l'électeur de base qui le fait savoir en s'abstenant. Il est temps de revenir à l'essentiel et de remettre les choses dans l'ordre, ce qui implique de repenser la manière d'appréhender la chose politique.

Informer, séduire et convaincre : ces trois mots d'ordre sont aujourd'hui incontournables pour qui espère réussir en politique. Oui mais voilà, comment séduire des citoyens qui, d'année en année, se détournent toujours davantage du vote ? Comment leur redonner envie, à l'heure où la parole du politique a perdu une bonne partie de sa crédibilité ? Les citoyens doutent de leurs élus, remettent en cause leurs promesses et leurs compétences. S'il est vrai que le contexte général ne leur est pas toujours favorable, une communication mal maîtrisée, mal dosée n'arrange pas les choses. Au regard de notre double expérience de citoyens et de conseillers en communication politique au sein de Plebiscit, nous déplorons que les politiques pensent souvent communication avant de penser propositions ou programme. Notre mission se pose donc en ces termes : professionnaliser les politiques... sans en faire des professionnels de la politique politicienne (!) et redonner du corps et du sens à leur propos. Et la communication politique ? Elle doit s'intégrer harmonieusement à cette stratégie de reconquête en proposant un véhicule dont le candidat doit rester le pilote.

Des pistes à explorer... ou pas

A trop s'attacher à se rapprocher des pratiques quotidiennes et donc technologiques des citoyens, à trop vouloir s'approprier leurs codes et leurs habitudes pour préserver ou gagner leur confiance, on peut toutefois se demander si la nécessité de tous ces efforts de la part des politiques pour renouer avec l'électorat n'est pas finalement le révélateur d'un système à bout de souffle.

Car pendant ce temps, les abstentionnistes constituent encore, et de loin, le premier parti de France. Pour remédier à cette situation qui souligne, scrutin après scrutin, que la rupture entre les Français et leurs représentants est consommée, les propositions fusent, plus ou moins pertinentes, réalistes ou efficaces.

RENDRE LE VOTE OBLIGATOIRE

Pour résoudre le problème de l'abstention, faut-il rendre le vote obligatoire ? L'idée est évidemment séduisante et a suscité quelques débats en ce début d'année 2015. Un certain nombre d'élus s'y sont déclarés favorables pour remédier au problème que pose la mobilisation des citoyens, notamment lors des élections dites intermédiaires. Le rapport rendu par Claude Bartolone début avril au président François Hollande va en tout cas dans ce sens. L'objectif avoué serait d' « irriguer la démocratie » et de combattre, selon l'avis d'un certain nombre de parlementaires, cette idée de plus en plus répandue selon laquelle la démocratie serait un service que l'on pourrait choisir de consommer ou pas. Un droit de vote « que l'on considère aujourd'hui avec trop de légèreté et une vision individualiste » selon un élu parisien et qui, selon les partisans du vote obligatoire, doit redevenir un devoir.

Aussi surprenant que cela puisse paraître, selon un sondage Harris Interactive[17], 56% des Français approuveraient l'instauration du vote obligatoire au motif qu'il permettrait d'améliorer l'engagement citoyen et de développer le sentiment d'appartenance républicaine. On peut en effet raisonnablement envisager que, « contraints » d'aller voter, les électeurs seraient davantage enclins à s'attarder plus longuement sur les enjeux des scrutins, ce qui aurait le mérite, pourquoi pas, de réveiller à plus ou moins long terme un véritable intérêt pour le jeu démocratique, le fonctionnement de nos institutions, voire l'engagement politique.

Dans une trentaine de pays à travers le monde, cette pratique a parfois été instaurée depuis longtemps pour lutter contre l'abstention. Force est de constater que, si le taux de participation est élevé (c'est bien le moins qu'on puisse attendre d'une telle mesure), le montant des sanctions infligées aux récalcitrants y est sans doute pour quelque chose : sanctions financières plus ou moins lourdes mais aussi, dans certains cas, l'impossibilité d'obtenir une carte d'identité ou un passeport, de passer un examen public ou d'obtenir un prêt financier, comme c'est notamment le cas au Brésil. Partout où l'obligation du vote a été instaurée, cette mesure est vivement critiquée, à tel point qu'on assiste généralement à l'assouplissement progressif de la norme ou à un retour au vote facultatif.

17 - Harris Interactive (2015). « Le regard des Français sur le vote obligatoire ». Enquête réalisée du 3 au 7 avril 2015 pour la Fondation Jean Jaurès.

Les abstentionnistes refusent de payer les amendes, les jeunes refusent de s'inscrire sur les listes électorales... Sans compter que le vote obligatoire ne prémunit pas contre les risques de crise politique majeure et de désintégration du système politique comme le montre l'exemple belge.

Un autre argument majeur s'oppose, selon nous, au vote obligatoire. Voter c'est exprimer, montrer son soutien ou son opposition à un candidat ou à une proposition. Le vote obligatoire, c'est donc une « parole » forcée. Quand le vote devient un devoir plutôt qu'un droit, on traite artificiellement les conséquences du mal – on casse le thermomètre – sans s'attaquer à ses causes profondes. Contraindre plutôt que convaincre. Pire encore, on court le risque d'accroître la défiance envers la politique. Plutôt que de donner envie aux électeurs de voter, par la qualité et le suivi des propositions et le passage des paroles aux actes, on reporte la faute sur eux en les sommant (sous peine d'amendes !) d'être civiques ! Il y a là, il faut bien l'avouer, quelque chose de tout à fait paradoxal. Difficile d'imaginer que l'on pourra ainsi renouer le lien défait entre les citoyens et leurs hommes politiques. Il y a fort à parier au contraire qu'une telle mesure serait de nature à engendrer un vote protestataire qui se porterait, n'en doutons pas, vers les extrêmes.

Le vote obligatoire est donc une absurdité démocratique car, comme on l'a déjà signalé ici, l'abstention a pris ces dernières années un sens très politique. Elle est de plus en plus l'expression d'une protestation globale contre l'offre électorale, le système politique, l'immobilisme et l'impuissance des élus. On peut considérer qu'il existe bien un droit de ne pas voter, de s'abstenir, de ne pas se positionner lors d'un scrutin. Le vote doit rester un acte libre. Et l'abstention doit nous conduire à nous interroger sur le mécontentement exprimé par ceux qui ne trouvent pas leur compte dans le système politique qu'on leur propose (impose ?). C'est là l'essence même du pacte démocratique. L'abstention participe au renouvellement des formes d'expression politique. Anne Muxel y voit même un signe de vitalité politique[18].

18 - MUXEL Anne, « L'abstention : déficit démocratique ou vitalité politique ? », Pouvoirs, 2007, n°120, p.43-55.

Un autre effet pervers du vote obligatoire, plus subtil, pourrait être de dispenser les partis politiques de rechercher les meilleurs candidats pour motiver les gens à prendre le chemin des urnes puisque de toute façon ils y seraient contraints. Il est à craindre que la bataille électorale ne se résume dans ces conditions à une surenchère de promesses pour séduire un électorat de toute façon captif du système. Il y a mieux, reconnaissons-le, pour enrichir le débat politique.

En outre, toutes les études réalisées sur l'abstention montrent que celle-ci a un profil sociologique relativement marqué. Si elle a progressé aussi parmi les catégories moyennes et supérieures diplômées, elle est massive et surtout en expansion chez les jeunes, les plus démunis, les habitants des quartiers urbains défavorisés. Or qui dit vote obligatoire dit sanction pécuniaire, amende pour les contrevenants. Il n'est pas sûr que la mesure, porteuse de stigmatisation sociale, soit extrêmement judicieuse...

ABAISSER LE DROIT DE VOTE A 16 ANS

L'idée a ses partisans et n'est pas à écarter totalement... à condition de convaincre les principaux intéressés qu'elle ne semble pas enthousiasmer outre mesure. Diminuer l'âge de la majorité électorale augmenterait mécaniquement le nombre de jeunes susceptibles d'aller voter et obligerait du même coup les politiques à s'adresser à eux beaucoup plus qu'ils ne le font aujourd'hui. Le droit de vote à 16 ans a été mis en place avec un certain succès en Autriche, au Brésil, en Argentine et dans plusieurs Länder allemands. Lors du dernier référendum sur l'indépendance de l'Écosse, les jeunes de 16-18 ans, invités à participer au scrutin, ont pris part au vote à 80%.
Pourtant, pour sympathique qu'elle soit, la mesure apparaît relativement marginale et ne saurait constituer à elle seule, on s'en doute, une réponse à l'abstention.

FAVORISER LE VOTE PAR INTERNET

Le vote numérique a des vertus théoriques évidentes, indépendamment même de son effet sur l'abstention : il permet de limiter les coûts (pas de bulletin papier), autorise un « dépouillement » immédiat et présente un impact écologique intéressant puisque les électeurs ne sont plus obligés de se déplacer. C'est pourquoi beaucoup y sont favorables. Ses partisans avancent aussi l'argument que tout ce qui facilite le vote augmente la participation.

Pourtant, outre les craintes de fraude ou de « détournement démocratique » qu'il suscite, des études menées dans les pays qui pratiquent le vote électronique montrent qu'il n'a pas d'effet sur les populations qui ne votent pas. Dommage !

RECONNAITRE LE VOTE BLANC

Voter blanc, c'est introduire dans l'enveloppe un bulletin blanc ou laisser l'enveloppe vide. Depuis le 1er avril 2014, les bulletins blancs sont décomptés séparément des bulletins nuls. Toutefois, cette reconnaissance reste partielle et limitée dans ses effets puisque les votes blancs ne sont pas comptabilisés dans les suffrages exprimés, ce qui ôte à la mesure une grande partie de son intérêt.

On parle à propos du vote blanc d'abstention civique. En effet, loin d'exprimer un désintérêt pour la vie politique comme peut le faire l'abstention, il marque simplement un désaccord avec l'offre politique en présence : il s'agit de dire « non » aux choix politiques proposés. En lui accordant une certaine reconnaissance, on offre, nous dit-on, un moyen d'expression à ceux qui pourraient être gagnés par un sentiment d'impuissance, de colère ou de résignation

Pour autant, la reconnaissance du vote blanc constitue-t-elle l'arme absolue contre l'abstention ? On peut en douter. D'abord parce que cette reconnaissance est plus symbolique que réelle (voir ci-dessus). Mais aussi parce que la sociologie du vote blanc montre que celui-ci concerne des populations politisées et habitant plutôt en centre-ville, et n'a donc pas grand-chose en commun avec la sociologie de l'abstention (jeunes, quartiers périurbains défavorisés...).

RENDRE LE VOTE PLUS FACILE

La procédure d'inscription sur les listes électorales mériterait d'être revue. En effet, son calendrier, qui nécessite de s'inscrire plusieurs mois avant un scrutin alors que les campagnes électorales ne sont pas commencées, n'est guère incitative pour tous ceux qui ne sont pas des passionnés de politique au quotidien, c'est-à-dire la majorité des électeurs potentiels. Comme on l'a relevé dans le chapitre précédent, cette non-inscription concerne tout de même trois millions de citoyens, soit 7% des Français, et affecte en premier lieu les catégories les plus fragiles économiquement.

Par ailleurs, on l'a dit, 6,5 millions des électeurs inscrits (soit 15% des inscrits) le sont ailleurs que dans leur lieu de résidence (on parle d'électeurs mal inscrits) et votent donc beaucoup moins que ceux qui peuvent voter à proximité immédiate de leur domicile. Cela concerne notamment les étudiants. Il serait sans doute possible d'imaginer une solution leur permettant de voter sur le lieu de leurs études.

Enfin, rendre le vote plus facile, c'est aussi organiser des élections différentes le même jour, comme cela se fait dans de nombreux pays. Nous éviterions ainsi bien des dépenses inutiles, en même temps que nous rendrions le devoir civique plus lisible, plus rationnel, plus rare... Donc, plus important !

REVENIR AUX SOURCES DE LA DEMOCRATIE ATHENIENNE : TIRAGE AU SORT ET DEMOCRATIE PARTICIPATIVE

Voilà une piste qui suscite une forte adhésion dans l'opinion, ce qui au passage, démontre bien que les gens ne rejettent pas la politique dans son ensemble, mais la manière dont elle est pratiquée par ceux qui en ont la charge. Yves Sintomer[19], sociologue et professeur à l'Université Paris 8 évoque quant à lui le déclin d'un système politique qui peine à se renouveler et à s'enrichir

13 - SINTOMER Yves, Le pouvoir au peuple. Jurys citoyens, tirage au sort et démocratie participative. Éditions La Découverte, collection « cahiers libres », 2007. 176 pages.

des « dynamiques civiques existantes pour s'attaquer résolument aux défis du monde présent ». C'est pourquoi il applaudit l'émergence et la multiplication des initiatives de démocratie participative. Cette démocratie participative que Ségolène Royal avait voulu placer au cœur de sa campagne en 2007, précédant presque Barack Obama dans son désir de mobilisation massive par l'engagement concret des citoyens (en ligne puis sur le terrain). La mobilisation de cette thématique s'inscrit dans la volonté de renouveler les pratiques politiques, de répondre à une demande sociale de participation mais surtout de répondre à la crise du politique en restaurant la légitimité des politiques.

Au plan local, on observe déjà une pratique régulière d'une forme de démocratie participative, à tel point que chez les élus locaux (essentiellement les maires), il est désormais incontournable d'associer les citoyens aux décisions entre deux échéances locales... et de le faire savoir. Parce qu'ils ont pris conscience que l'augmentation régulière de l'abstention aux élections locales affaiblissait leur légitimité d'élus, ils ont ressenti le besoin d'un « impératif participatif ». Pour autant, le succès de la démocratie participative réside pour une large part dans l'indétermination de ses objectifs mais aussi dans le caractère ambigu de cette participation des citoyens qui, sous couvert d'associer les citoyens à la prise de décision, n'est bien souvent qu'informative et ne pèse pas toujours dans la décision finale.

Mais en allant plus loin, pourquoi ne pas s'interroger sur la pertinence de nouvelles expériences démocratiques susceptibles de renouveler nos pratiques politiques. Ainsi par exemple, souvenons-nous que, dans les premiers temps de la démocratie à Athènes, le tirage au sort servait, notamment, à constituer la Boulé, assemblée qui était dotée de véritables pouvoirs : elle préparait des décisions, se chargeait de leur exécution, adoptait certaines lois, pouvait servir de tribunal, et était responsable de l'administration et des finances et d'une partie de la politique extérieure. Dans notre monde contemporain très conceptuel, l'idée même de tirer au sort nos représentants nous semble impensable car cela reviendrait, estime-t-on, à confier le pouvoir à n'importe qui. Mais Yves Sintomer explique que, dans les expériences contemporaines de jurys citoyens invités à délibérer sur un thème d'action publique (il y en a eu quelques-unes aux États-Unis et au Danemark, notamment), le tirage au sort est utilisé comme moyen de sélectionner un échantillon diversifié de la population, représentatif de la mixité sociale. Ce faisant, il permet de renouveler les idées et de donner la parole à ceux qui n'ont pas assez tendance à la prendre. Les initiatives de démocratie participative sont inspirées de ce concept, à cette différence près que personne n'est convoqué mais que chacun est libre de les intégrer. A l'heure où la relation politiques/citoyens semble dans l'impasse, ces expériences présentent un réel intérêt.

Tout d'abord, celui d'une politique plus délibérative : menées dans des conditions adéquates, ces initiatives peuvent constituer une alternative à une parole politique que les citoyens sont de plus en plus nombreux à contester et donc à rejeter. Les propos de leurs pairs ont davantage de chances d'être entendus que ceux d'une classe politique jugée trop éloignée de leurs préoccupations. En ce sens, c'est un mode de fonctionnement qui tend à rapprocher décideurs et citoyens.

Par ailleurs, le principe du tirage au sort permet de faire émerger des profils très divers, riches d'expériences très différentes, où se mêlent experts et profanes, en partant du principe que chacun a quelque chose à apporter. Pour Yves Sintomer, « une bonne délibération doit inclure des points de vue divers, de telle sorte que la gamme des arguments envisagés soit élargie et que la discussion soit plus inclusive ».

C'est aussi un succédané de démocratie radicale : le tirage au sort conjugué à un principe d'échantillonnage est une réponse acceptable à l'idée d'un gouvernement « du peuple, par le peuple et pour le peuple ». Pourquoi ne pas permettre à de petits groupes désignés par tirage au sort de participer directement à la décision ? Un tel dispositif incarnerait le principe essentiel d'égalité puisqu'il laisserait une chance égale à tous les citoyens d'accéder aux prises de décision et serait en outre représentatif de la diversité de la population. Plutôt que d'un gouvernement de tous, il s'agit en fait d'une représentation en miniature du peuple.

L'impartialité constitue un argument majeur en faveur du tirage au sort. Désignés selon un principe d'échantillonnage, les citoyens officieraient armés de leurs seules compétences et expériences personnelles. Comme ils seraient libérés de la perspective d'une réélection ou d'intérêts à servir, ils seraient en mesure de faire les choix qui leur sembleraient les plus justes. La désignation aléatoire tend à faire émerger des profils non partisans, plutôt tournés vers l'intérêt général, ce qui devrait après tout être à la base de toute décision politique dans un système démocratique.

Même si nous ne sommes pas à la veille de voir un gouvernement ou une assemblée désignés par tirage au sort, les arguments développés ci-dessus apparaissent tout à fait censés et défendables au regard de l'incapacité croissante des politiques à mobiliser les électeurs.

UNE IDEE AMBITIEUSE : LE PARLEMENT DES INVISIBLES[20] DE PIERRE ROSANVALLON « POUR REMEDIER A LA MAL-REPRESENTATION QUI RONGE LE PAYS »

Tout part de l'idée que la démocratie, dans sa forme actuelle, est minée par le dysfonctionnement des mécanismes de la représentation. Pour Pierre Rosanvallon, « être représenté [...] c'est être pris en compte, être reconnu dans la vérité et la spécificité de sa condition ». Or ceux qu'il appelle les invisibles et qui constituent en réalité le peuple dans sa majorité ne sont pas représentés. Être représenté ce n'est pas seulement élire des représentants mais c'est aussi et surtout voir ses intérêts et problèmes publiquement pris en compte. De ce point de vue, l'élection ne remplit donc plus son rôle. Une coupure s'est produite entre la population et les élus censés les représenter. Les partis politiques tiennent plus compte dans leur action des enjeux de conquête et d'exercice du pouvoir que de l'expression de la société et de la construction de son avenir.

A travers une collection de livres associée à un site internet participatif Raconterlavie.fr qui se présente comme « le roman vrai de

20 - ROSANVALLON Pierre, Le Parlement des invisibles, Paris, Seuil, 2014.

la société d'aujourd'hui », l'historien entend donc leur redonner la parole en créant ce Parlement des invisibles. Il plaide pour la description du « *monde social dans sa diversité* » et la constitution d'une « *démocratie narrative* », dont le Parlement des invisibles serait la tribune. « Il faut représenter dans la vie publique la vie des gens. Cette ambition de représenter la société, on ne peut pas que la demander à nos représentants. [...] Le gouvernement représentatif, ce n'est pas seulement d'élire des politiques, mais c'est aussi déchiffrer la société et la rendre commune »[21], explique-t-il. Il s'agit donc de plonger dans les « profondeurs de la société », là où se trouvent ceux qui ont le sentiment d'être abandonnés, oubliés, incompris et qui précisément sont « invisibles » (et inaudibles) parce qu'ils sont en manque de reconnaissance et ne disposent pas des moyens organisationnels pour se faire reconnaître. C'est une tribune offerte au peuple pour lui permettre de s'exprimer.

Le projet Raconter la vie a pour ambition de contribuer à rendre plus lisible la société d'aujourd'hui et aider les individus qui la composent à s'insérer dans une histoire collective en tissant des liens entre eux et en leur rendant leur dignité.

Pierre Ronsavallon le présente ainsi : « Par le livre et par le site internet, de nouvelles formes de représentation directe de la société émergeront pour restaurer une vie démocratique capable de résister aux évolutions inquiétantes qui se dessinent aujourd'hui. Raconter la vie contribuera à faire reculer les idéologies de l'identité et du repli sur soi qui fondent la montée en puissance des populismes et du racisme, qui pourrissent la politique en hypostasiant la figure abstraite d'un peuple un et homogène. À rebours d'une telle vision négative du lien social qui n'opère que par soustractions et rejets, ce projet fournira en effet les éléments d'une reconstruction positive d'un monde commun, reconnu dans sa diversité et dans sa réalité. En substituant à l'affrontement des slogans une attention aux réalités, il aidera le pays à sortir des peurs et des fantasmes qui le minent. Il participera ainsi à la refondation d'une démocratie aujourd'hui dangereusement fragilisée. » Il s'agit en fait, à travers un espace

21 - Interview de Pierre ROSANVALLON par Patrick COHEN sur France Inter le 9 janvier 2014.

d'expérimentation sociale et politique, d'impulser un mouvement social d'un genre nouveau (qu'on n'ose qualifier de 2.0...) fondé sur l'interaction et l'échange. C'est en redonnant la parole aux citoyens, en leur offrant la possibilité de s'exprimer que Pierre Rosanvallon entend faire participer le peuple à un nouveau projet de société et revitaliser ainsi la démocratie.Même si l'on peut voir dans ce projet une vision un peu utopique de l'exercice démocratique (une démocratie narrative en quelque sorte), il nous intéresse parce qu'il s'appuie sur les nouveaux modes de communication et sur la capacité de chacun d'apporter sa contribution à l'édifice démocratique et au débat d'idées.

ŒUVRER AU RENOUVELLEMENT DU PAYSAGE POLITIQUE

Par la limitation des mandats successifs

Si l'on souhaite redonner du sens à la démocratie et restaurer la confiance des citoyens, la question du renouvellement du personnel politique doit être posée. Elle revient d'ailleurs régulièrement dans les débats sans qu'une réelle réflexion sur le sujet soit pour autant menée.

Le cumul des mandats sur la durée (trente, quarante, voire parfois cinquante ans !) a quelque chose de choquant en effet pour l'électeur de base qui a le sentiment qu'un gouffre de plus en plus large sépare sa vie de celle des hommes et femmes politiques pourtant censés le représenter. Comme le souligne Michel Winock[22], « le fait de voir s'éterniser toujours les mêmes personnes à la tête des partis ou au sein des gouvernements incite l'opinion à considérer la politique comme un job, comme une profession, plus du tout comme une vocation civique ». Cette concentration du pouvoir entre les mains d'une élite professionnalisée, vivant sur elle-même et se reproduisant en milieu fermé, au point d'avoir en quelque sorte confisqué ce bien commun qu'est la démocratie, alimente le malaise.

22 - Rapport du groupe de travail sur l'avenir des institutions « Refaire la démocratie », sous la direction de BARTOLONE Claude et WINOCK Michel, La documentation française, octobre 2015.

Et il est vrai que l'idée s'est peu à peu installée chez les politiciens que l'entrée en politique se faisait pour la vie entière. Dans ces conditions, pas étonnant que l'électeur en vienne à imaginer qu'ils soient davantage animés par le souci de la préservation de leur position que par celui de l'intérêt général.

C'est pourquoi il est urgent de renouer avec l'idée fondatrice de la démocratie selon laquelle la représentation est une mission qui doit se nourrir d'une immersion dans la vie collective, et qui doit être partagée entre un large ensemble de personnes qui ne s'en chargent que pour un temps limité. Car s'il est difficile aujourd'hui pour les femmes et les hommes de bonne volonté d'accéder à des responsabilités politiques, c'est en grande partie parce que ceux qui sont en place ne veulent pas passer la main. Nous avons pourtant besoin de voir éclore de nouveaux talents porteurs d'idées neuves. Une idée intéressante pourrait être de limiter dans le temps le nombre de mandats (le rapport précité se prononce pour une limitation à trois mandats successifs, nous sommes plutôt favorables à le limiter à deux) pour toutes les élections. Une telle réforme engendrerait un turn-over plus fréquent et permettrait à de nouveaux visages de s'affirmer, sans déresponsabiliser les élus qui seraient amenés à rendre compte de leur mandat devant leurs électeurs puisqu'un tel seuil leur offrirait deux possibilités de réélection. Une fois leurs mandats achevés, ils laisseraient la place à d'autres pour retourner à leur ancien métier. Cette proximité avec le « monde réel », c'est-à-dire le quotidien des gens ordinaires, c'est précisément ce qui fait aujourd'hui défaut à notre système politique où il est d'usage de raisonner en termes de carrière bâtie sur l'accumulation des mandats. Il en résulterait pourtant une « aération » salutaire de notre démocratie.

Par la mise en place d'un véritable statut de l'élu

Pour que la limitation du cumul des mandats dans le temps soit viable et prenne tout son sens, elle doit être complétée par la mise

23 - Dans leur rapport d'information sur le statut de l'élu publié en juin 2013, MM. Philippe Doucet et Philippe Gosselin indiquent que les ouvriers représentent respectivement 4,8 % des conseillers municipaux, 2 % des maires, 0,4 % des conseillers généraux et 1,1 % des conseillers régionaux alors qu'ils constituent 13,5 % de l'ensemble de la population.

en place d'un **statut de l'élu** facilitant la conciliation de la vie professionnelle avec la vie politique et le retour à la vie civile, une fois le ou les mandat(s) accompli(s). En effet, si l'on souhaite une meilleure représentation des salariés du secteur privé en politique, et plus spécifiquement, des employés et des ouvriers[23], un véritable statut de l'élu offrant des garanties solides à ceux dont le mandat arrive à terme, valorisant leur expérience et n'entravant pas la progression de leur carrière, apparaît aujourd'hui indispensable. Il s'agit de prendre en compte les importantes difficultés de reconversion que rencontrent les élus, notamment locaux, une fois leur mandat achevé. Si la loi du 31 mars 2015 issue des travaux de la mission d'information sur le statut de l'élu et visant à faciliter l'exercice, par les élus locaux, de leur mandat, a constitué un progrès important en développant notamment le droit individuel à la formation ainsi que les dispositifs de validation des acquis de l'expérience pour les élus locaux, il faut poursuivre dans cette voie pour favoriser la diversification sociale et le renouvellement du personnel politique. Car si nous voulons que les citoyens participent davantage aux élections, il est impératif que nos assemblées représentatives – à commencer par les conseils municipaux –, reflètent davantage la société qu'elles ne le font aujourd'hui, la surreprésentation des professions libérales, des fonctionnaires (notamment les enseignants) et des retraités étant massive. Il ne saurait exister de représentation parfaite et idéale, mais le manque actuel de représentativité des élites politiques pose un problème démocratique.

Le groupe de travail sur l'avenir des institutions (voir note n°22) s'est en outre prononcé pour la création d'un **statut de personnel protégé** pour les salariés du secteur privé, à l'image de celui dont bénéficient les représentants syndicaux. Il a en effet considéré qu'il n'était pas acceptable que des salariés du secteur privé soient empêchés de mener une campagne ou d'exercer librement leur mandat lorsqu'ils souhaitent également conserver leur activité professionnelle. Qui plus est, une telle mesure permettrait aux entreprises de contribuer, en quelque sorte, à la démocratie politique. Ce qui n'est pas sans intérêt puisque les entreprises font souvent grief aux collectivités territoriales (et donc à leurs élus) de ne pas parler le même langage qu'elles !

Grâce aux réseaux sociaux

Les réseaux sociaux sont également de nature à jouer un rôle dans l'émergence d'une nouvelle parole politique portée par de nouveaux visages. Les jeunes générations, notamment, se sont appropriées ces outils pour faire entendre leur voix, afficher leurs convictions et se forger peu à peu une crédibilité à prétendre exercer des responsabilités politiques. C'est le cas par exemple de Robin Reda, membre des Républicains, plus jeune maire de France dans une ville de la région parisienne et président de la communauté de communes dont celle-ci dépend. Il incarne ces jeunes figures montantes, très actives sur les réseaux sociaux. Les médias sociaux sont porteurs d'un changement fondamental de paradigme, qui bouleverse la relation qu'élus et candidats ont avec leur public grâce à une communication directe et une désacralisation des politiques. On peut donc espérer qu'ils contribuent à ce que de nouvelles générations d'élus se succèdent demain au pouvoir même si le chemin est encore long...

RESTAURER LA CONFIANCE ENVERS LES PARTIS

Si l'abstention est un acte de défiance, de colère, de rejet ou de démission, elle doit être combattue sur le terrain par les appareils des partis. C'est le contact direct avec les électeurs, on l'a dit, qui s'avère le plus efficace en termes de mobilisation. Cela passe notamment par des campagnes intensives de porte-à-porte. Des études ont montré que le porte-à-porte ciblé grâce aux technologies numériques était, de loin, la méthode la plus performante pour inciter les électeurs à aller voter. Encore faut-il que ces campagnes soient menées par des personnes elles-mêmes proches des électeurs qu'elles cherchent à mobiliser. Ce qui n'est pas forcément évident dans la mesure où, dans notre pays, les partis manquent de militants suffisamment nombreux et suffisamment formés pour mener des opérations de terrain aussi massives.

Il y a donc une réflexion à mener sur la place et le rôle social des partis dans notre démocratie. En effet, l'ère de la démocratie des partis semble révolue. Même si les partis eux-mêmes subsistent encore, ils sont aujourd'hui tellement déconnectés de la société, poursuivant aux yeux de l'opinion une forme de compétition vide de sens, qu'ils ne sont plus en mesure de nourrir le débat démocratique. Il serait temps que les convictions prennent le pas sur les certitudes et les calculs.

Souvenons-nous : autrefois, les partis comptaient des centaines de milliers d'adhérents impliqués dans la vie politique. La situation est bien différente aujourd'hui. Le nombre des adhérents a fondu comme neige au soleil et les partis sont composés pour une bonne part d'élus et de professionnels de la politique. La conséquence est immédiate : ils se sont coupés de la société pour se réfugier dans des jeux et des logiques d'appareil, se contentant d'être des machines électorales. C'est cette idée que Pierre Rosanvallon exprime fort bien quand il écrit que les partis ont vu « leur fonction représentative s'éroder puis disparaître à partir des années 1990 ». Il y voit deux raisons principales : tout d'abord, la société est devenue « plus opaque, illisible à certains égards, et donc moins aisément représentable que l'était une société de classes aux contours et aux caractéristiques bien dessinés ». D'autre part, il souligne le « glissement [des partis] du côté de la fonction gouvernante (...). Les partis sont (...) devenus des éléments auxiliaires de l'activité du pouvoir exécutif ; ce sont eux qui mènent le combat pour essayer d'assurer une légitimation continue du pouvoir, ou préparer au contraire sa défaite aux prochaines élections en faisant la preuve du caractère néfaste de sa politique. Ils représentent en fait plus la raison des gouvernements auprès des citoyens qu'ils ne représentent ces derniers auprès des premiers. (...) L'activité des partis s'est du même coup réduite à la gestion électorale, l'élection présidentielle en constituant le pivot central (...) »[24].

C'est pourquoi il est urgent de régénérer les partis pour combattre l'apathie politique qui s'est installée et pèse aujourd'hui comme une chape de plomb sur la démocratie.
Par exemple, les efforts entrepris en matière de parité pour les départementales et les régionales doivent être étendus aux autres scrutins, selon des modalités innovantes. On parle ici d'une vraie

24 - ROSANVALLON Pierre, Le bon gouvernement, Paris, Seuil, 2015.

parité, sur des territoires gagnables. En effet, il serait souhaitable que les partis cessent de « réserver » aux femmes (ou aux minorités dites visibles) les circonscriptions perdues d'avance.

Il est indispensable que les partis redeviennent force de propositions, c'est-à-dire qu'ils tracent des perspectives d'avenir ambitieuses et inspirées. Cela passe par un renouvellement de leurs élus qu'ils doivent former, accompagner dans l'apprentissage des responsabilités. Car si la politique ne doit pas être un métier et encore moins une carrière, c'est un engagement au service des autres, une mission qui requiert des compétences de plus en plus pointues et un certain savoir-faire. Cette exigence va de pair avec une exigence d'irréprochabilité qui doit conduire à sanctionner sans faiblir ceux qui s'égarent.

Il est urgent de trouver comment tisser des liens forts entre démocratie participative et démocratie représentative pour impulser le retour d'une confiance politique solide, seule condition du maintien et de la durabilité du pacte démocratique.

Car pour que la démocratie soit l'affaire de tous, il faut que la politique cesse d'être l'affaire de quelques-uns.

Nos idées neuves contre l'abstention : PREVIOO et PlebiscitCAMP, des outils performants au service de la démocratie

Adopter un discours critique, c'est bien, mais cela n'a d'intérêt que si cette critique est constructive et devient force de proposition. C'est pourquoi, chez Plebiscit, nous avons conçu deux outils novateurs.

PREVIOO : LE LOGICIEL QUI AMELIORE LA RELATION ENTRE LE POLITIQUE ET LE CITOYEN

En suivant la campagne d'Obama en 2008, nous avons pu mesurer toute la puissance de l'outil en ligne MyBO qui permettait de suivre quasiment en temps réel l'investissement des militants, de leur affecter des tâches précises, de recenser et trier toutes les données recueillies sur les électeurs américains par les équipes de porte-à-porteurs sur le terrain, d'envoyer des mails, des sms, de cartographier des secteurs...

Cet outil, parfaitement adapté à la politique américaine mais impossible à transposer en l'état dans le paysage politique français, avait ouvert chez nous des pistes de réflexion. Confrontés à la manière dont les équipes des candidats travaillaient sur le terrain en repartant à chaque fois de zéro en phase de précampagne, faute d'avoir conservé la trace de l'organisation mise en place pour la campagne précédente, d'avoir pensé à sauvegarder les données collectées en porte-à-porte ou, pire encore, pour avoir négligé de conserver un contact individuel avec les citoyens de la circonscription pendant toute la durée du mandat, nous étions persuadés qu'il y avait quelque chose à faire pour rationaliser et professionnaliser tout cela.

Forts de ce constat récurrent et de six années de pratique, nous avons donc conçu et mis au point un logiciel, nommé PREVIOO, pour pallier ces carences. Grâce à lui, il est désormais possible à tout candidat, qu'il ait été ou non élu, de rester en contact avec les électeurs rencontrés pendant la campagne, de conserver les données collectées, d'organiser ses équipes de telle sorte que chacun de ses membres puisse, en toute autonomie, s'investir et mesurer l'importance du rôle qui est le sien dans un projet politique donné.

L'outil est simple à utiliser, intuitif et gratifiant pour ses utilisateurs. Il est en outre, et cette dimension était importante pour nous, pertinent pour la démocratie car il peut et doit servir aussi à recueillir, synthétiser et hiérarchiser de façon automatisée les attentes des citoyens rencontrés. A charge pour la femme ou l'homme politique, à partir des informations fournies par PREVIOO, de « confronter » son projet et ses aspirations pour la circonscription avec les attentes des électeurs...

PLEBISCITCAMP : INNOVATION, EFFICACITE ET INTERDISCIPLINARITE

« Ce qui manque aux orateurs en profondeur, ils vous le donnent en longueur », écrivait déjà Montesquieu il y a près de trois siècles. Ce constat cruel est plus que jamais d'actualité. Le manque de fond conduit généralement les politiques à étirer et diluer leurs propos dans une logorrhée indigeste. A moins qu'ils ne s'en remettent à quelques idées recyclées et formules toutes faites, assemblées à la hâte, pour masquer l'absence de consistance de leur projet. Il en faudra davantage pour redonner du sens à la démocratie et redonner aux citoyens l'envie de croire en la politique et d'accorder leur confiance à ceux qui les représentent. Davantage, c'est une pensée riche et féconde, un socle de compétences inattaquable, un engagement sans concession au service de ses concitoyens et une réelle capacité d'écoute. C'est ainsi qu'ils renoueront avec leur statut d'élu. Élu, le mot est intéressant en ce qu'il désigne celui qui est choisi, distingué par et parmi les autres pour ses qualités supérieures. Réformer la politique, c'est offrir au citoyen la possibilité d'élire le candidat le plus capable, le plus compétent et non le « moins pire » comme on l'entend de plus en plus lorsque l'on interroge les électeurs. En termes hiérarchiques, l'élu est celui qui est au sommet de la pyramide parce que les autres l'ont placé là pour qu'il soit leur porte-parole, leur représentant au sein de l'appareil institutionnel. Il est celui qu'ils ont jugé le plus apte à prendre des décisions en leur nom et en qui ils ont placé leur confiance, au point de lui déléguer leur souveraineté. Cette représentation idéale est très éloignée de la réalité d'aujourd'hui. Faute de trouver ceux qui seraient dignes de cette confiance, les citoyens n'ont jamais été aussi nombreux à refuser de participer au processus électoral. Pour faire face à cette impasse et cette crise de confiance qui engage la responsabilité des élus et de ceux qui aspirent à le devenir, l'agence Plebiscit a envisagé des solutions, en faisant notamment appel aux possibilités qu'offrent les nouvelles technologies.

Ce qui nous est apparu comme la priorité essentielle, au regard de notre expérience de terrain, c'est la nécessité de convaincre les politiques d'adopter une démarche professionnelle en leur inculquant un certain nombre de principes et de compétences : le coaching d'une équipe, l'organisation de l'action de terrain, la manière de s'adresser aux médias, la nécessité de rester en campagne en dehors du temps électoral proprement dit. Sans négliger de mettre l'accent sur des bases théoriques qui semblent faire défaut à la plupart d'entre eux : le rôle du mandataire financier, l'organisation du bureau de vote, la frontière entre dépenses publiques et politiques... Trouver l'outil le plus adapté à la situation est souvent complexe. Le public des politiques est encore majoritairement frileux quant au recours au Web 2.0 et à la technologie dans ses modes d'action. La classe politique est relativement âgée : la moyenne d'âge est de 61ans au Sénat, 59 ans chez les députés et de 57 ans chez les maires. Nombre d'entre eux sont encore peu familiarisés (ou pas familiarisés du tout) avec l'utilisation des outils connectés et des réseaux sociaux.

C'est pourtant aux techniques de e-learning (la « formation en ligne ») que nous avons décidé de consacrer nos efforts et notre temps au cours des mois écoulés. Apparu dès les années 90 avec l'essor d'Internet, l'apprentissage sur le web a connu un développement exponentiel ces dernières années. D'abord peu nombreux et dédiés à l'apprentissage des outils informatiques, les contenus des vidéos (tutoriels) se sont peu à peu diversifiés pour couvrir aujourd'hui une multitude de thématiques. Car le Net n'est désormais plus seulement un espace de stockage, il est aussi et même surtout un lieu d'échanges et de diffusion des savoirs qui favorise les entreprises participatives et collaboratives. Chacun peut aujourd'hui accéder très facilement à toutes sortes d'informations et les partager. Il est ainsi à la portée du premier venu de visionner un tutoriel ou un cours en ligne pour acquérir par lui-même une foule de savoirs pratiques ou théoriques. Attention toutefois : le principe du e-learning suppose que l'enseignement soit dispensé par un formateur compétent. Pour autant, nul besoin de justifier d'un diplôme d'enseignant. N'importe qui, s'il est désireux de partager ses connaissances ou son savoir-faire dans un domaine précis, peut s'essayer à l'exercice ; à charge pour les gérants des plateformes d'e-learning de faire le tri pour ne retenir que les contenus présentant une réelle valeur pédagogique. Grâce au e-learning, il est possible à tout un chacun (ou presque) d'apprendre à jouer d'un instrument, à parler une nouvelle langue, à construire un objet du quotidien ou encore à maîtriser l'informatique. Les possibilités sont infinies.

Notre idée était donc de dédier une plate-forme à la formation des politiques et de leurs équipes, ce qui n'avait encore jamais été fait. Cette absence d'intérêt pour le sujet est pour le moins surprenante dans un contexte national de plus en plus morose dont les perspectives d'avenir ne sont guère encourageantes et où l'élu n'a plus le droit à l'erreur, c'est-à-dire plus le droit de décevoir les attentes placées en lui. La nécessité d'un accompagnement de qualité, innovant, performant et adapté pour les élus et ceux qui aspirent à l'être ne s'est jamais faite aussi pressante. C'est pourquoi Plebiscit revendique la création de la toute première plate-forme d'e-learning exclusivement dédiée aux politiques, PlebiscitCAMP, qui a vocation à devenir LA référence en matière de e-learning politique.

C'est en référence aux Summer Camps américains que Plebiscit a choisi de nommer ce nouvel outil PlebiscitCAMP. L'idée est de créer un lieu virtuel où les candidats, les élus et leurs équipes pourraient se retrouver et se réunir pour acquérir ou renforcer des compétences. Cette plate-forme en ligne a donc pour ambition d'être, pour ses utilisateurs, un lieu de rencontre, d'échanges et d'enrichissement afin de leur permettre d'appréhender la politique autrement, de manière plus professionnelle, mais en cultivant aussi une proximité permanente avec les citoyens sans laquelle l'exercice du pouvoir suscite rapidement au mieux le désintérêt, au pire la méfiance et le rejet. Cette nouvelle offre s'inscrit dans la stratégie globale de l'agence Plebiscit qui vise une audience et une notoriété nationales et se fait fort de proposer des services très spécifiques en matière de conseil et de formation du personnel politique. Comment ? En proposant aux politiques un package complet dédié au succès de leur projet et qui repose sur deux piliers : la formation et l'accompagnement. Formation destinée à l'assimilation et la maîtrise des connaissances indispensables, accompagnement dans leur stratégie de communication, que ce soit durant la campagne ou, plus tard, dans l'exercice de leur mandat. Cette initiative innovante s'inscrit dans une démarche résolue visant à réinventer le jeu politique.

Soucieux de prendre en compte les contraintes des élus et de leurs collaborateurs qui ont un emploi du temps chargé, nous avons conçu des vidéos très courtes (3 à 4 minutes) mais qui vont à l'essentiel. La perspective de pouvoir bénéficier en quelques minutes du contenu d'une formation en face-à-face de qualité nous paraît de nature à éveiller l'intérêt du public visé. Une gestion efficiente du temps constitue en effet un élément clé de la réussite, au même titre que des compétences politiques solides.

Pour viser au plus juste, la seconde audace de notre plate-forme PlebiscitCAMP réside dans la forme même de la formation que nous proposons : exit le formateur qui dispense son savoir face à la caméra ; nous lui avons préféré un système d'animations colorées, novatrices et intuitives selon le principe du motion-design (animation d'éléments graphiques comme des images, des typographies ou des pictogrammes, le tout étant synchronisé sur une bande sonore). Sur un plan technique, la préparation de chaque vidéo nécessite en amont un important travail de fond et de recherches qui précède la rédaction et l'élaboration du story-board pour en arriver à l'enregistrement de la voix off et à la mise en animation.

Au même titre que de nombreuses autres plate-formes de formation, PlebiscitCAMP propose des vidéos payantes dont le contenu a été validé par un comité de professionnels issus de diverses disciplines : sociologie, droit, management, sciences politiques... Ce choix assumé d'une large interdisciplinarité vise à garantir des prestations de qualité, fruits de la réflexion d'intervenants qui sont tous experts dans leur domaine de compétence ; c'est un gage de sérieux et de crédibilité donné aux acheteurs potentiels. C'est pourquoi nous avons décidé de mettre en place un comité pédagogique chargé de recevoir et de valider les propositions de formation de ceux qui souhaiteraient se lancer dans l'aventure électorale, et un comité scientifique dédié à l'évaluation des contenus publiés pour améliorer et faire évoluer sans cesse les formations au gré des travaux de recherche et des nouvelles références bibliographiques. En effet, le comité scientifique est également investi d'une mission prospective en ce qu'il est chargé de faire émerger des projets de recherche directement inspirés des problématiques mises en évidence grâce à PlebiscitCAMP.

CONCLUSION

Conclusion

Tout au long de ce périple dans ce sous-continent obscur de la démocratie qu'est l'abstention, nous nous sommes efforcés de pointer du doigt, sans parti pris mais sans concession, les raisons de la désaffection de nos concitoyens pour leurs représentants et l'exercice du droit de vote.

Nous avons relevé, un à un, les dysfonctionnements qui érodent notre démocratie représentative, scrutin après scrutin. Car la « machine à abstention » dont nous avons tenté de démonter les rouages poursuit son œuvre destructrice, comme en témoigne un sondage Opinionway pour Metronews et LCI, publié lundi 12 octobre, selon lequel l'abstention au premier tour des prochaines élections régionales atteindrait 55% !

En tant qu'observateurs privilégiés de la vie politique, nous nous efforçons tous les jours de proposer et de concevoir des solutions concrètes pour redonner un sens à la notion de démocratie représentative. Parce que c'est notre métier mais aussi et surtout parce que nous croyons aux vertus du dialogue, de l'échange et du contact avec les gens, nous avons placé la communication politique au cœur de notre dispositif anti-abstention. Nous sommes persuadés, comme nous l'avons souligné à plusieurs reprises dans cet ouvrage que, si les femmes et hommes politiques peinent aujourd'hui à renouer avec les citoyens, c'est presque toujours en raison d'une communication déficiente, la communication politique ayant précisément pour objet de tisser des liens entre les électeurs et ceux qui les représentent... ou qui aspirent à le faire. Elle fournit le « micro » (pour reprendre le mot de Jacques Séguéla) indispensable à qui veut diffuser le plus largement possible son message politique.

LA CONFIANCE AU CŒUR DU SYSTEME

Pourtant, la communication politique fait encore parfois face à un procès en crédibilité et légitimité ce qui, par ricochet, participe à la décrédibilisation et à la « délégitimation » du discours politique. Les deux ont partie liée car, tant la communication politique que le discours politique (et ceux qui le portent) reposent sur la confiance. À l'époque de la démocratie athénienne, l'homme était au centre du monde et de la pensée. La conséquence était qu'en matière politique, on faisait confiance à l'homme : la démocratie directe suppose en effet que la cité fasse confiance au citoyen, citoyen qui manifeste lui-même sa confiance par son vote direct. Dans nos systèmes politiques démocratiques contemporains qui reposent pour l'essentiel sur la notion de démocratie indirecte, la confiance occupe une place encore plus cruciale : non seulement le citoyen, pour élire son représentant, doit lui faire confiance, mais cette confiance doit durer tout au long du mandat. Qui plus est, cette confiance de l'électeur ne doit pas seulement porter sur l'homme qu'il choisit, mais s'étendre à tout le système représentatif.

Si l'on se place maintenant du côté de l'homme politique, celui-ci a besoin de la confiance des citoyens pour être élu, pour gouverner, et être réélu. Cette confiance est mesurée en grandeur réelle lors

14 - BOURSIN Françoise, « Crise de la confiance ou de la communication politique ? », Communication et organisation, mis en ligne le 27 mars 2012 : http://communicationorganisation.revues.org/2264

des élections, mais aussi, de manière plus récente, par les sondages et divers baromètres d'image dont la France détient le record du monde.

Et qu'en est-il de la communication politique ? La confiance y est d'autant plus indispensable qu'elle pâtit souvent dans notre pays d'une image pour le moins brouillée. A tel point que si nos hommes politiques utilisent des conseillers en communication et appliquent un certain nombre de principes incontournables pour faire passer leurs idées, ils évitent de s'en vanter trop ouvertement. La communication politique dans son sens d'échange d'informations entre élus et administrés souffre en effet d'un déficit de légitimité. Cela tient en partie à ce que certains y voient un nouvel outil alors que ce sont simplement les moyens de diffusion des messages qui ont connu un développement exponentiel, la communication politique étant aussi ancienne que la politique elle-même. Ce qui est nouveau en revanche, c'est l'apport de la publicité avec l'irruption dans le champ politique de personnages comme Jacques Séguéla à qui l'on doit notamment les deux campagnes présidentielles victorieuses de François Mitterrand avec des slogans tels que « La force tranquille » (1981) et « Génération Mitterrand » (1988), ce dernier slogan ayant fait dire à Séguéla qu'il avait créé la « marque » Mitterrand. Les codes adoptés se rapprochent de ceux du domaine commercial. Pour ses détracteurs, cette évolution engendre la démagogie, la priorité étant alors de séduire l'électeur plutôt que de le convaincre, ce qui appauvrirait le débat politique. Et on peut se demander en effet si en cherchant à simplifier leurs idées et les enjeux de société au motif de toucher tous les citoyens, les politiques ne dissimulent pas en réalité le manque de consistance de leur pensée et ne créent pas du même coup les conditions de ce fossé qui se creuse avec la population. Pourtant, pour reprendre les termes de Dominique Wolton, il importe de « ne pas confondre simplification des débats avec simplification de la résolution des problèmes ». Cette nouvelle approche pluridisciplinaire de la communication politique doit donc construire sa crédibilité pour prétendre asseoir sa légitimité, à la fois durant la campagne pour gagner les suffrages des électeurs, mais aussi, une fois l'élection passée, et c'est plus difficile, pour conserver la confiance de la population. Faire des promesses ne

15 - CAUTRES Bruno, « Les électeurs et les sondages ». Presses de Sciences Po, Atlas électoral, 2007. P119-123.

suffit pas, il faut continuer à convaincre l'électeur une fois au pouvoir, et le rassurer sur le bien-fondé de son choix.
Comme le souligne Françoise Boursin[25], la communication politique ne peut avoir une influence réelle que si elle est utilisée à bon escient, c'est-à-dire pour accompagner et soutenir une politique cohérente, pour mettre en exergue des valeurs que partagent une majorité de citoyens et autour desquelles ils peuvent se rassembler, ou pour rendre plus lisible la personnalité d'un homme politique.

Que peut alors la communication politique face à la dégradation de l'image de la politique et de l'homme politique ? Elle peut avoir une influence certaine, à condition d'être utilisée intelligemment et de ne pas se prendre pour ce qu'elle n'est pas : une baguette magique. Car la confiance est un bien fragile et volatile qui repose sur une part d'irrationnel. Elle doit donc nous inciter à l'humilité et au travail.

La communication est nécessaire pour entretenir la confiance ou la restaurer, sinon pour la créer. Mais si les ficelles sont trop grosses, si elle est bâtie sur le mensonge et l'illusion et renvoie l'image d'un trucage, elle porte un coup fatal à ce qu'elle entendait soutenir. Le chemin est donc étroit et toute l'habileté du communicant sera de pratiquer la communication politique en ne cherchant pas à lui assigner une place qu'elle n'a pas ; c'est ainsi qu'il aura le plus de chance d'entretenir ou de restaurer la confiance. Son défi sera de valoriser le message du politique tout en prenant garde que sa patte ne soit trop perceptible.

COMMUNICANT : UN METIER PARFOIS INGRAT

En outre, pour mesurer l'ampleur de la tâche des communicants, il faut garder à l'esprit que « le vote doit être considéré comme le produit d'une interaction dont le moment et les effets ne sont pas de même nature pour tous (...) Cette question pose un véritable

25 - BOURSIN Françoise, « Crise de la confiance ou de la communication politique ? », Communication et organisation, mis en ligne le 27 mars 2012 : http://communicationorganisation.revues.org/2264

défi aux partis et aux candidats dans leurs stratégies de communication politique »[26]. En clair, la communication politique, pas plus que la politique tout court, ne sont des sciences exactes. Il est donc difficile de prévoir les résultats de telle ou telle action de communication politique, notamment en période électorale. Mais il est tout aussi complexe, une fois le scrutin terminé, d'analyser et quantifier l'impact des actions de communication qui ont été menées. On peut penser que l'image du « président normal » portée par François Hollande en 2012 (mais imaginée par ses communicants) a contribué à sa victoire mais on ne peut en être certain. On pourrait tout aussi bien envisager que ce soit avant tout le désir d'alternance, le rejet du président sortant ou encore la volonté « d'essayer » un président et un gouvernement socialistes qui a motivé le vote des Français. Comme le dit Jacques Séguéla, « on peut douter de l'effet positif d'une bonne campagne, [...] il est certain qu'une mauvaise vous assassine ». Autant dire qu'à partir du moment où un politique choisit de faire appel à des professionnels de la communication politique pour travailler son image et son message, il n'a pas intérêt à les confier au premier venu.

ÉTAT DES LIEUX : UNE OFFRE ABONDANTE ET STRUCTUREE

Le choix est vaste, l'offre abondante. Chez Plebiscit, nous nous sommes livrés entre avril 2014 et mai 2015 à une analyse du marché sur la base d'une trentaine d'agences françaises spécialisées en web, communication globale, politique ou d'influence. Nous avons pu étudier les choix stratégiques opérés par ces professionnels qui proposent leurs services d'accompagnement à nos représentants, et ainsi comprendre comment ils agissaient pour les convaincre (et les aider à convaincre !). Cette analyse comparative devait par ailleurs nous permettre d'interroger le positionnement et la stratégie actuels de l'agence Plebiscit pour être en mesure de proposer une stratégie structurée sur les quatre années à venir et définir des objectifs. Il nous est apparu au cours de cette étude que la réactivité et l'expertise étaient sans conteste les

CAUTRES Bruno, « Les électeurs et les sondages ». Presses de Sciences Po, Atlas électoral, 2007. P119-123.

principales valeurs auxquelles les agences souhaitaient associer leur image, avec l'innovation et l'interdisciplinarité. Les deux premières sont le gage d'un sérieux et d'une qualité du service rendu censés inspirer confiance aux politiques soucieux de s'attacher les services de communicants. S'affirmer en tant qu'expert, c'est aussi se positionner parmi les meilleurs de sa discipline, ce qui est de nature à rassurer ceux à qui la communication et ses techniques sont étrangers. L'innovation, quant à elle, est un argument majeur dans notre société, et plus encore dans un secteur d'activité où les regards se portent naturellement vers les nouvelles tendances venues d'outre-Atlantique. Les politiques ont forcément été impressionnés par l'engouement suscité par les campagnes d'Obama. Au point que chacun d'entre eux, à l'échelle de sa circonscription, espère susciter un élan semblable aux moyens de ces nouvelles technologies dont les populations semblent tellement friandes. L'interdisciplinarité enfin, garantit l'internalisation des compétences et un panel de savoir-faire complet qui participe incontestablement à légitimer l'entreprise aux yeux du politique.

Concernant maintenant les engagements, c'est la confiance (sans surprise) et la confidentialité qui sont mises en avant, ainsi que la loyauté. Ceci permet de noter une nouvelle fois combien la décision de s'entourer de professionnels de la communication est encore taboue pour la plupart des politiques qui préfèrent rester secrets sur leur environnement proche. Même si la pratique est désormais largement répandue, le chemin psychologique vers l'acceptation de l'idée que la politique est aussi affaire d'image n'a pas encore été parcouru dans sa totalité.
Un autre argument a retenu notre attention. C'est la notion de culture du résultat. Nous avons précédemment remarqué combien les résultats obtenus par la communication politique étaient difficilement mesurables. Pourtant, quelques agences entendent rassurer leurs futurs clients sur ce point en leur garantissant des moyens d'évaluation fiables. L'idée est ici d'assurer aux politiques que le recours à leurs services ne sera pas inutile et que les résultats seront clairement quantifiables.

Enfin, en étudiant l'offre proprement dite de ces différentes agences, nous avons constaté que c'était le domaine d'expertise initial de l'agence qui en dictait le contenu et que celui-ci variait peu entre deux agences de même nature. Celles qui sont tournées vers le digital mettront davantage l'accent sur l'identité Web tandis qu'une agence spécialisée en communication d'influence proposera des formations en prise de parole, en négociation ou en media training. Le large éventail des contenus proposé est donc de nature à satisfaire la demande de conquête et d'innovation des élus et des candidats

LES VALEURS DE PLEBISCIT : HUMANISME ET TRANSPARENCE

Sans renoncer aux valeurs portées par nos concurrents, en créant Plebiscit nous avons souhaité mettre en avant les valeurs humaines plutôt que la technologie ou l'innovation : l'éthique, le respect de l'autre, la pédagogie. Il nous est en effet apparu nécessaire de ne pas impressionner (et donc risquer de décourager) les plus réticents à ces pratiques – ce que sont généralement les élus locaux et responsables de territoires géographiques restreints – avec une débauche d'arguments technologiques qui, pour nous, doivent être au service de l'essentiel : une démocratie vivante et irréprochable qui place l'homme au centre de ses préoccupations. Nous sommes attachés à cette idée que l'on peut garantir une véritable expertise et un service de grande qualité sans donner nécessairement dans la surenchère technologique. Ce qui différencie également Plebiscit, c'est notre choix affirmé et assumé d'afficher clairement les prix de nos prestations. De cette manière, comme il le ferait sur un site d'achat en ligne, l'élu ou le candidat peut remplir son panier et choisir de faire appel, en connaissance de cause et pour les prestations qu'il a choisies, aux services de l'agence.

Par ce souci de la transparence et une démarche profondément éthique et humaniste, nous avons l'ambition d'œuvrer à la démocratisation de la communication politique pour abattre un tabou aujourd'hui obsolète et montrer qu'il est non seulement possible mais indispensable et urgent de faire aujourd'hui de la politique autrement dans ce pays. Ce n'est qu'à ce prix que les citoyens retrouveront le chemin des urnes.

ANNEXES

BAROMÈTRE DE LA CONFIANCE POLITIQUE - VAGUE 6 BIS 2015

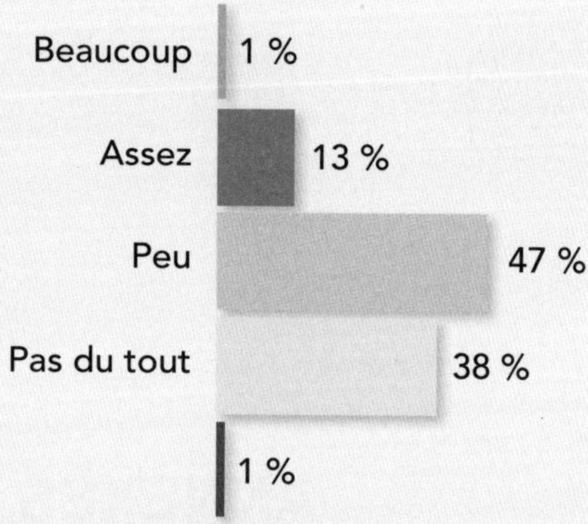

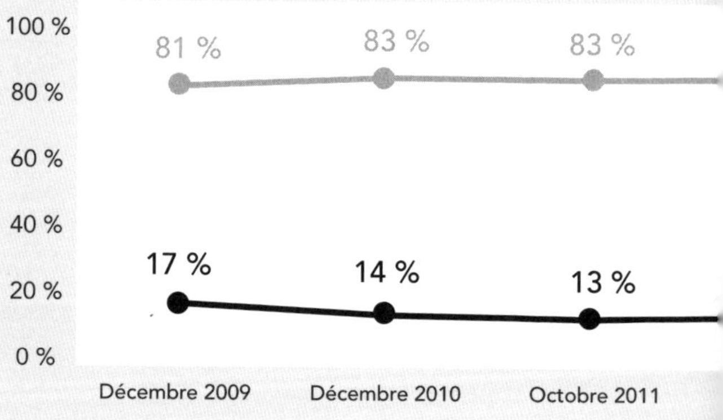

A votre avis, est-ce que les responsables politiques, en général, se préoccupent beaucoup, assez, peu ou pas du tout de ce que pensent les gens comme vous ?

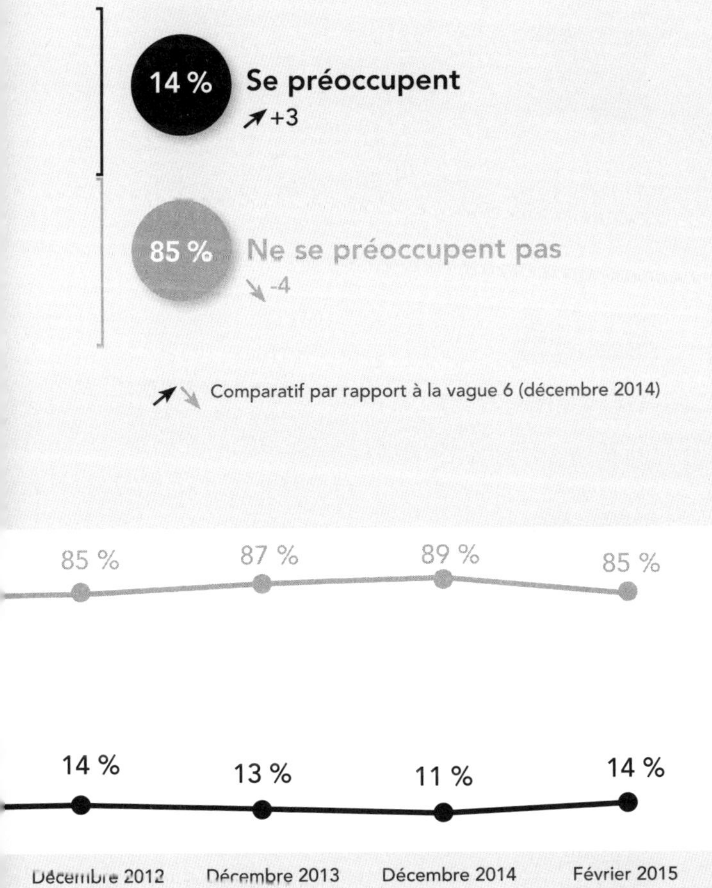

Source : Baromètre de la confiance politique du Cevipof
Enquête du 26 janvier du 4 février 2015 publiée le 26 février 2015

LES NOUVELLES ÉLECTIONS DÉPARTEMENTALES (1)

CE QUI CHANGE

SCRUTIN

AVANT 4 035 cantons
1 élu par canton

↓

APRÈS 2 054 cantons
2 élus par canton
(binôme femme / homme)

MANDAT

AVANT Conseillers généraux élus pour 6 ans mais renouvelés par moitié tous les 3 ans

↓

APRÈS Conseillers départementaux élus pour 6 ans et renouvelés tous ensemble pour les 6 ans

CE QUI NE CHANGE PAS

**La durée du mandat
d'un conseiller
reste de 6 ans**

SOLIDARITÉ **PROXIMITÉ**

**Le cœur
des compétences
de département**

Source : http://www.interieur.gouv.fr/

LES NOUVELLES ÉLECTIONS DÉPARTEMENTALES (2)

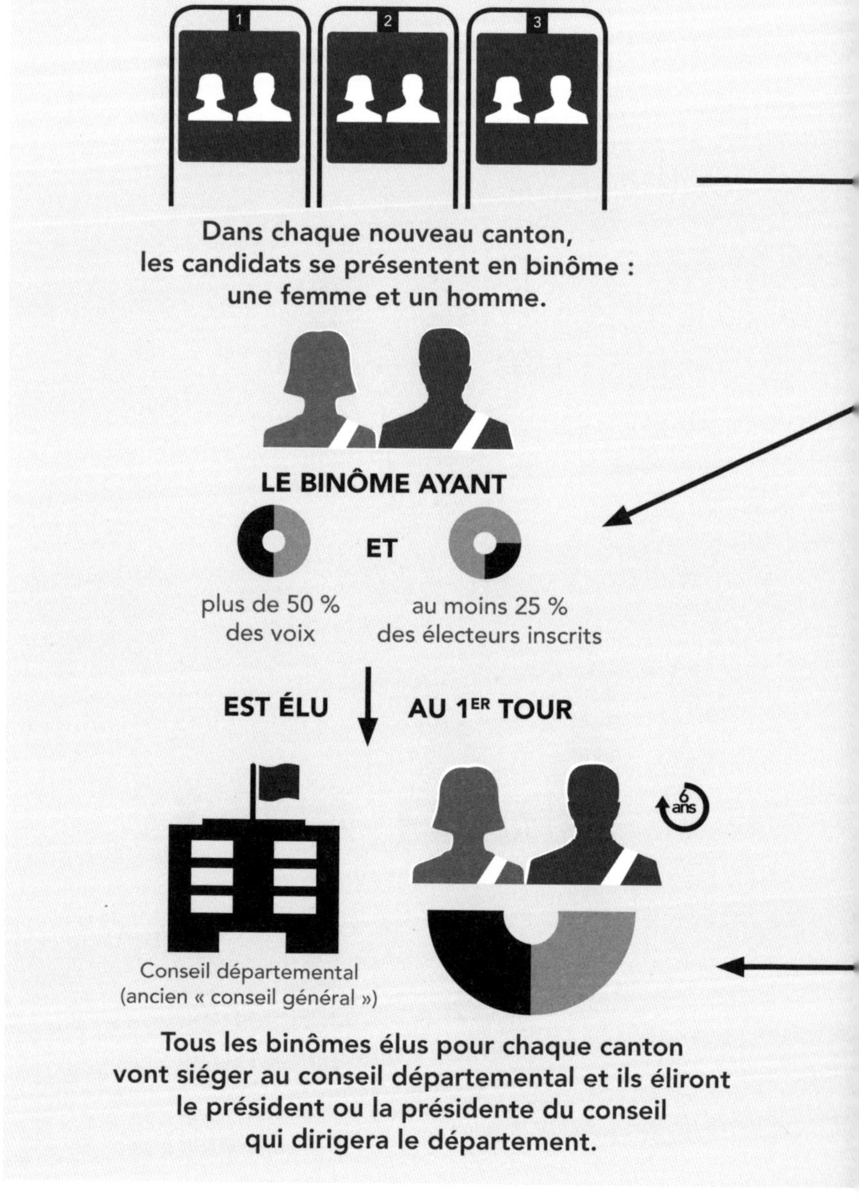

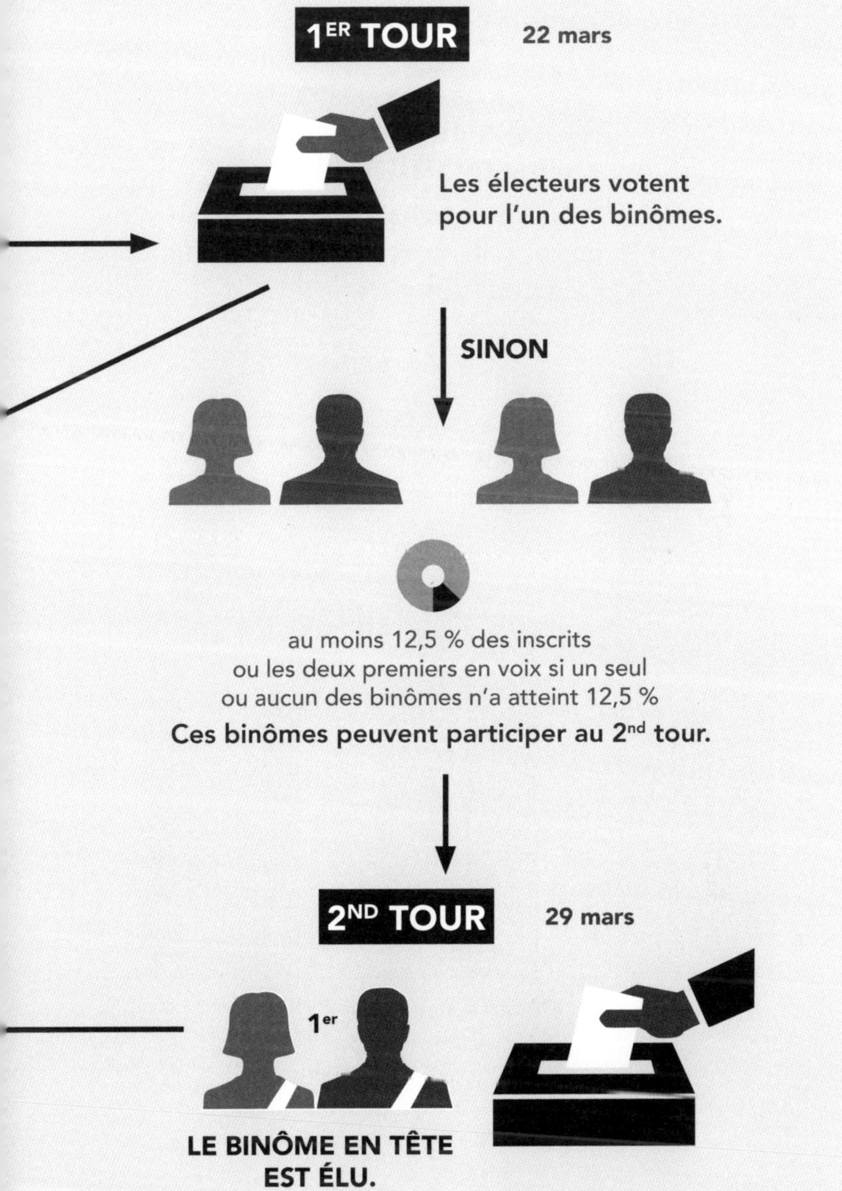

Source : http://www.interieur.gouv.fr/

PROFIL DES CANDIDATS (1)

CANDIDATS PAR SEXE

L'augmentation du nombre de candidates s'explique très largement par le changement du mode de scrutin qui a imposé la présentation de binômes mixtes.

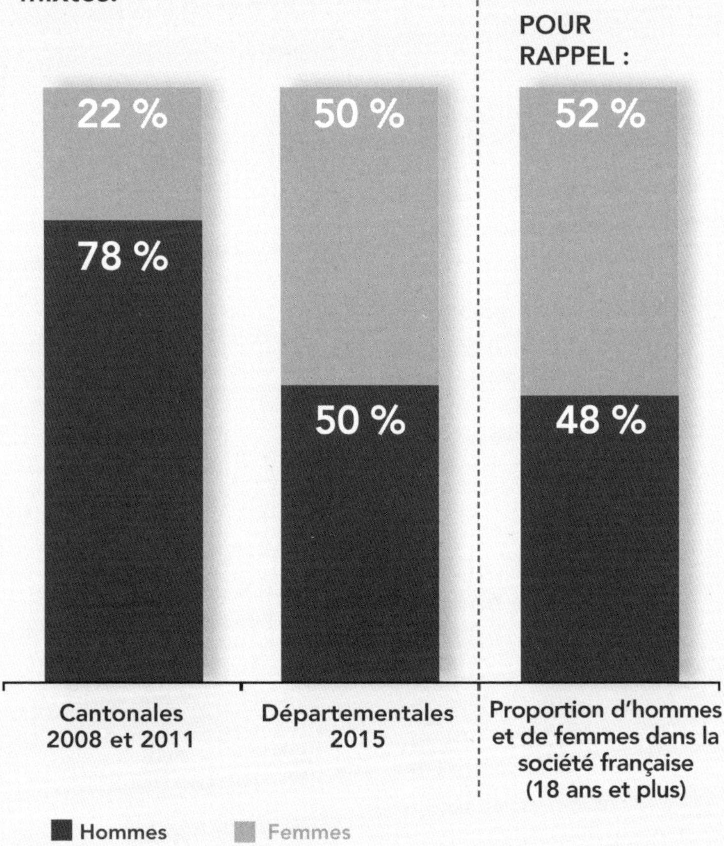

Source : Harris Interactive

PROFIL DES CANDIDATS (2)

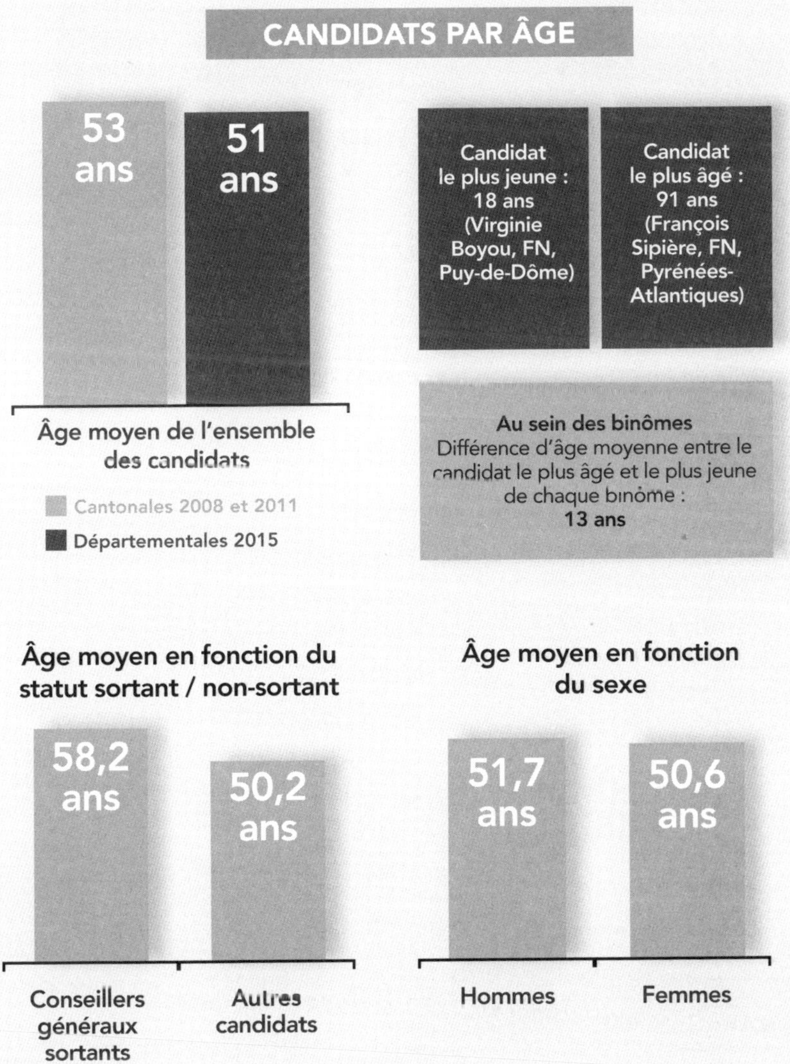

Source : Harris Interactive

STATUT DES CANDIDATS

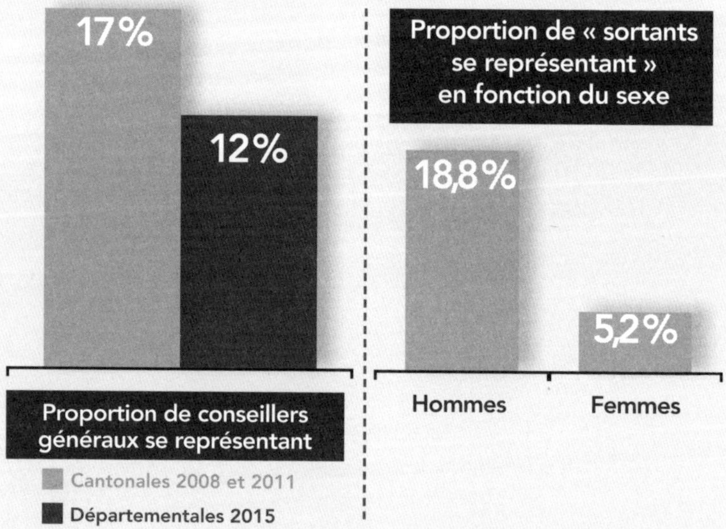

Au sein des binômes

Proportion de binômes comportant uniquement des candidats déjà élus conseillers généraux du département (« sortants »), uniquement des candidats non-conseillers généraux du département (« nouveaux ») ou un candidat élu et l'autre non :

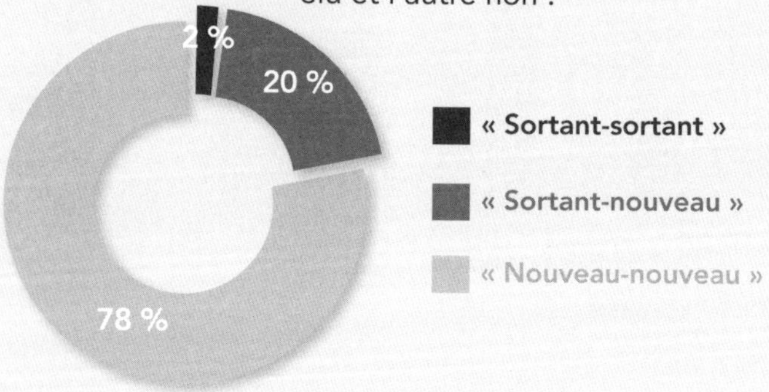

Source : Harris Interactive

ÉVOLUTION DU TAUX D'ABSTENTION AUX ÉLECTIONS CANTONALES/DÉPARTEMENTALES DEPUIS 1998

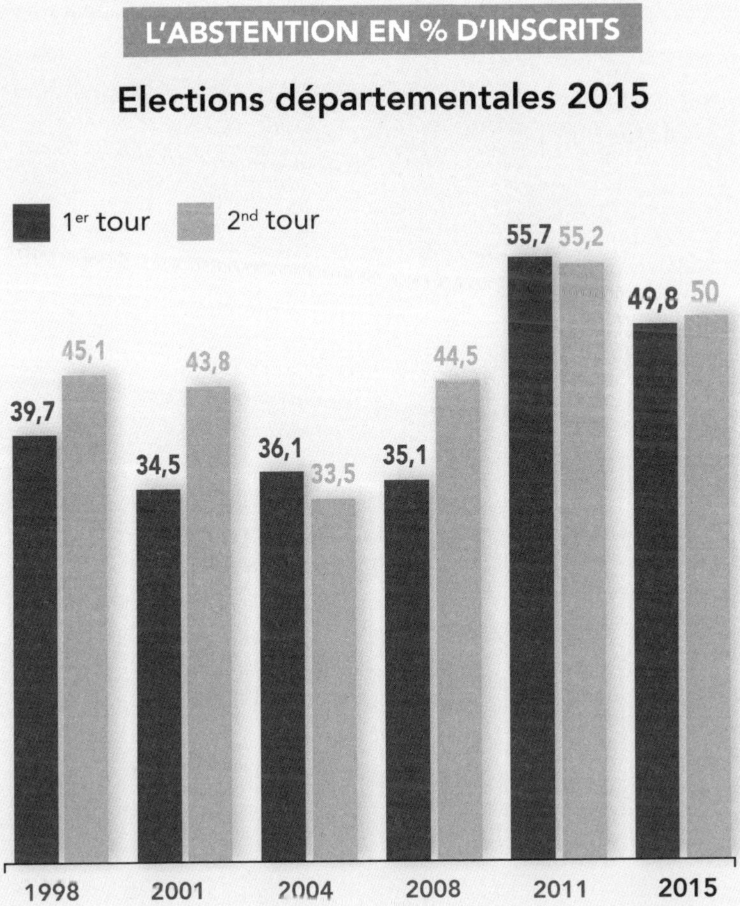

Source : Ministère de l'Intérieur ©IDE

SOCIOLOGIE DE L'ABSTENTION AU 1ER TOUR DES ÉLECTIONS DÉPARTEMENTALES 2015

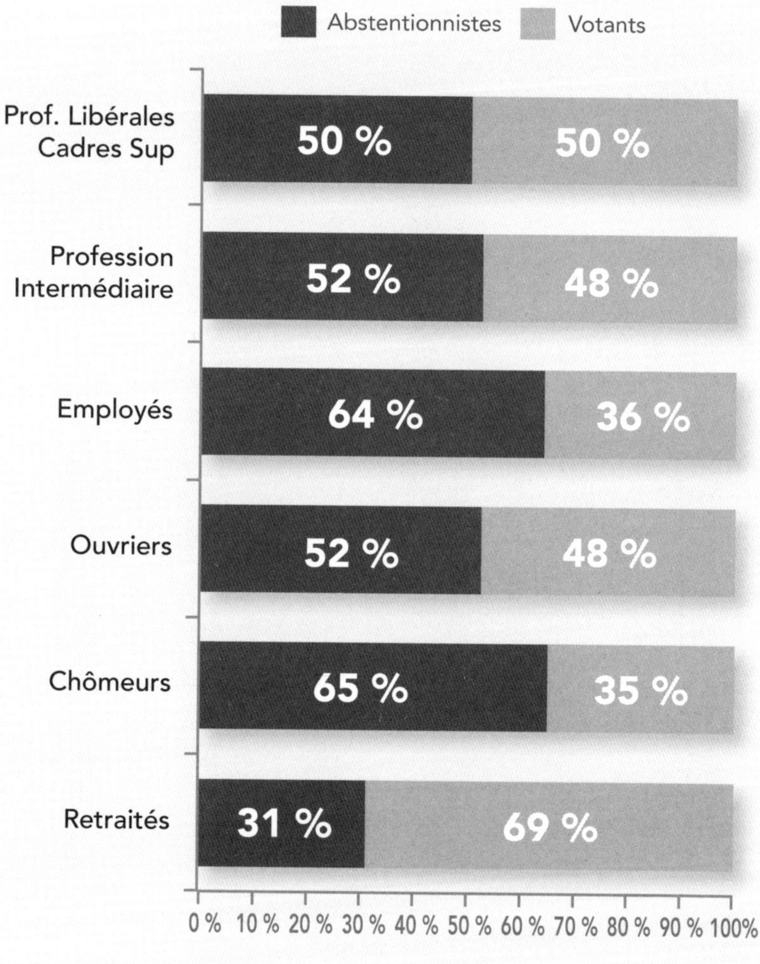

Source : Olivier Berruyer, www.les-crises.fr

DIRIEZ-VOUS QUE LA CAMPAGNE DES ÉLECTIONS DÉPARTEMENTALES A ÉTÉ À LA HAUTEUR DE VOS ATTENTES ?

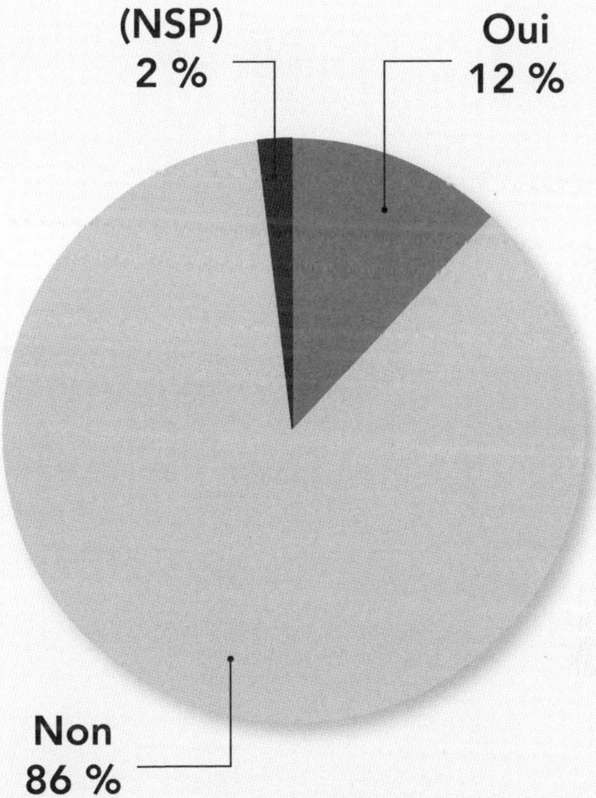

Source : ODOXA pour CQFD sur iTELE et Le Parisien Aujourd'hui
Sondage réalisé le 20 mars 2015

S'AGISSANT DES INFORMATIONS QUE VOUS AVEZ REÇUES SUR LES ÉLECTIONS DÉPARTEMENTALES, DIRIEZ-VOUS QUE VOUS AVEZ ÉTÉ...

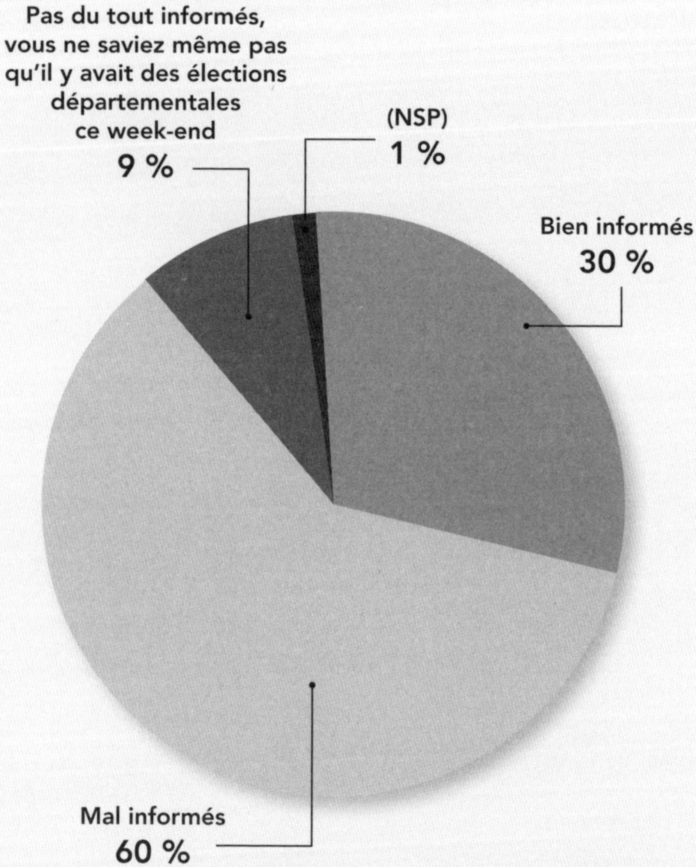

69% des personnes interrogées s'estiment mal ou pas du tout informées

Source : ODOXA pour CQFD sur iTELE et Le Parisien Aujourd'hui
Sondage réalisé le 20 mars 2015

BIBLIOGRAPHIE

BARBET Denis, « Quand les mots de l'abstention parlent des maux de la démocratie », Mots. Les langages du politique, 2007, n°83.

BARTOLONE Claude et WINOCK Michel (dir.), Rapport du groupe de travail sur l'avenir des institutions « Refaire la démocratie », La documentation française, octobre 2015.

BOURSIN Françoise, « Crise de la confiance ou de la communication politique ? », Communication et organisation, mis en ligne le 27 mars 2012, disponible sur : http://communicationorganisation.revues.org/2264.

BRACONNIER Céline et DORMAGEN Jean-Yves, « Une démocratie de l'abstention. Retour sur le non-vote et ses conséquences politiques lors des scrutins municipaux et européens de 2014 », Hérodote 2014 /2013, n°154.

CAMPBELL Alastair, in SEGUELA Jacques, Le Pouvoir dans la peau, Paris, Éditions Plon, 2011.

CAUTRES Bruno, « Les électeurs et les sondages ». Presses de Sciences Po, Atlas électoral, 2007.

DECAUDIN Jean-Marc, in DOSQUET Frédéric, Marketing et communication politique, Paris, Édition EMS, Collection Questions de société, 2012.

DOUCET Philippe et Gosselin Philippe, Rapport d'information sur le statut de l'élu, Assemblée nationale, juin 2013.

GERBER Alan et GREEN Donald, Get Out the Vote: How to Increase Voter Turnout, Brookings Institution, 2e édition, 2008.

HARFOUCHE Antoine, « E-marketing politique : opportunités et défis » in Marketing et communication politique, chapitre 4, Edition EMS. Paris, Collection Questions de société, 2012.

HEROULT Julie, mémoire de Master II de communication publique et politique « La crédibilité de la parole politique : un défi pour la démocratie », Plebiscit 2015.

MUXEL Anne, « L'abstention : déficit démocratique ou vitalité politique ? », Pouvoirs, 2007, n°120.

ROSANVALLON Pierre, Le Parlement des invisibles, Paris, Seuil, 2014.

ROSANVALLON Pierre, Le bon gouvernement, Paris, Seuil, 2015.

SEGUELA Jacques, Le Pouvoir dans la peau, Paris, Éditions Plon, 2011.

SINTOMER Yves, Le pouvoir au peuple. Jurys citoyens, tirage au sort et démocratie participative, Éditions La Découverte, collection « cahiers libres », 2007.

SUBILEAU Françoise, Les facteurs de l'abstention. Cevipof, FNSP, Paris, 1992, multigraphié.

VILLEMUS Philippe, Comment la gauche peut-elle gagner la présidentielle 2012 ?, Eyrolles, 2010.

Table

Nous tenions tout d'abord à remercier
Geneviève Leyer et Daniel Bougnoux
qui ont su avec leurs mots nous transmettre
le « virus » de la politique dans ce qu'elle a
de plus noble et d'utile à nos sociétés.

Nos sincères remerciements
à Joëlle Breton, Martine Dubreuil, Julien Faure
et Roland Maria-Sube pour leurs conseils et le temps
passé à la relecture de cet ouvrage.

Mercis appuyés à Karine et Cendrine
pour nous « supporter » (au propre comme au figuré)
depuis maintenant quelques années.

Merci à Julie Heroult et Louis-Xavier Babin-Lachaud
pour leur collaboration.

Merci enfin à la « PlebiTEAM » : Claire, Marina,
Carole, Bérengère, Vanessa, Pauline, Adeline,
Martial, Olivier, Franck, Adrien, Pierre...
pour avoir rendu l'aventure des
Départementales possible !

Achevé d'imprimer par l'Imprimerie Rochelaise
Rue du pont des Salines - BP 197 - 17006 LA ROCHELLE Cedex 1
Dépôt légal N° 2180 - Novembre 2015

Conception, mise en page : Peuplades.fr
96 rue de La Muse - BP 92061
17010 La Rochelle Cedex 1